W0063430

BIRGIT FELIZ CARRASCO

Patanjalis 10 Gebote der Lebens freude

Yoga-Philosophie für ein erfülltes Leben

QUALITÄTS
G|U
GARANTIE

DIE GU-QUALITÄTSGARANTIE

Wir möchten Ihnen mit den Informationen und Anregungen in diesem Buch das Leben erleichtern und Sie inspirieren, Neues auszuprobieren. Bei jedem unserer Produkte achten wir auf Aktualität und stellen höchste Ansprüche an Inhalt, Optik und Ausstattung.

Alle Informationen werden von unseren Autoren und unserer Fachredaktion sorgfältig ausgewählt und mehrfach geprüft. Deshalb bieten wir Ihnen eine 100 %ige Qualitätsgarantie.

Darauf können Sie sich verlassen:

Wir legen Wert darauf, dass unsere Gesundheits- und Lebenshilfebücher ganzheitlichen Rat geben. Wir garantieren, dass:

• alle Übungen und Anleitungen in der Praxis geprüft und

• unsere Autoren echte Experten mit langjähriger Erfahrung sind.

Wir möchten für Sie immer besser werden:

Sollten wir mit diesem Buch Ihre Erwartungen nicht erfüllen, lassen Sie es uns bitte wissen! Nehmen Sie einfach Kontakt zu unserem Leserservice auf. Sie erhalten von uns kostenlos einen Ratgeber zum gleichen oder ähnlichen Thema. Die Kontaktdaten unseres Leserservice finden Sie am Ende dieses Buches.

GRÄFE UND UNZER VERLAG. *Der erste Ratgeberverlag – seit 1722.*

Inhalt

2 Satya – Wahrhaftigkeit

3 Asteya – Begierdelosigkeit

4 Brahmacarya – Sinnesentlastung

Inhalt

»Übe dich darin, loszulassen von dem,

was du zu verlieren fürchtest

und du wirst frei werden.«

MIT *Patanjali*

ZU MEHR LEBENSFREUDE

Sind Gebote überhaupt noch zeitgemäß? Ich meine ja! Denn bei unserem leistungsbezogenen, ruhelosen Lebensstil gehen ethische Werte und Bewusstheit immer mehr verloren.

Ich beschäftige mich seit rund fünfzehn Jahren mit den philosophischen und ethischen Regeln des geistigen Yoga und habe in diesem jahrtausendealten Lebenskonzept Empfehlungen entdeckt, die es wert sind, wieder neu belebt und alltagstauglich interpretiert zu werden, um uns neue Strukturen und inneren Halt zu verleihen.

Die zehn Gebote des Patanjali sind Empfehlungen, die Sie ermuntern möchten, Ihre persönlichen Lebensziele und Werte neu zu definieren. Ich widme dieses Buch dem Weisen Patanjali. Ich würde mich freuen, wenn Sie die Lebensratschläge als Motivation annehmen, Ihr eigenes Leben liebevoller und die Welt freundlicher zu gestalten.

IHRE BIRGIT FELIZ CARRASCO

Der Weg

DES YOGA ZU
MEHR LEBENSFREUDE

Wenn wir klarer denken und differenzierter handeln,
lässt sich viel Leid vermeiden. Ziel der Yoga-Praxis ist es, selbstbestimmt
und handlungsfähig zu werden und damit unsere Lebensqualität
entscheidend zu verbessern. Die zehn Gebote des Patanjali enthalten alle
Empfehlungen, um sich selbst zu beobachten, weiterzuentwickeln
und die persönlichen Fähigkeiten und Wesenszüge zu verfeinern.

DIE UNERSCHÖPFLICHE QUELLE
DER LEBENSFREUDE

In unserer heutigen schnelllebigen Zeit sind wir meist mit irgendetwas beschäftigt – wir haben zahlreiche Pflichten zu erfüllen, sollen ständig erreichbar sein oder bilden uns zumindest ein, dass wir es sein müssten. Bei all den Aktionen im Alltag wird das Bewusstsein für unseren Körper und Geist oft in den Hintergrund gedrängt. Wann sind wir schon mal wirklich bewusst »bei uns«?

Können Sie sich noch an Ihren letzten Urlaub erinnern? Die meisten Menschen schaffen es zumindest in diesen Tagen oder Wochen, ein wenig die Seele baumeln zu lassen. Ich habe es zum Beispiel schon immer geliebt, am Morgen eines Urlaubstages ohne Wecker aufzuwachen und keine, aber auch gar keine Verpflichtung zu haben. Einfach in den Tag hineinleben zu können war ein großartiges Gefühl für mich. Ich empfand Zufriedenheit, ja Glück in dem Bewusstsein nichts zu wollen, nichts zu müssen und ganz im Jetzt zu verweilen. Tiefe Lebensfreude stieg in solchen Momenten in mir auf, die Empfindungen wie Glück, Zufriedenheit, Wohlbefinden, Energie und Dankbarkeit umfasste.

»Wenn der Geist von allen Wolken befreit ist, die ihn von wirklichem Wahrnehmen abgehalten haben, tritt unerschöpfliche Wonne ein.«

PATANJALI | Yoga Sutra 4.31

Diese Erfahrung brachte mich auf den Weg des Yoga, da ich die Freude, die ich empfand, nicht auf wenige Tage im Jahr beschränken wollte. In all den Jahren, die ich nun schon als Yogalehrerin, Heilpraktikerin und Lebensberaterin arbeite, habe ich immer wieder bei mir selbst und bei meinen Schülern und Patienten festgestellt, dass Lebensfreude eine Quelle ist, die jederzeit angezapft werden kann. Sie ist in unserem Inneren zu finden und nur ein bisschen verschüttet durch die vielen Handlungsstränge und die gefühlten Verpflichtungen des Alltags.

Lebensfreude **neu entdecken**

Das Zauberwort, um Lebensfreude zu erlangen, heißt Bewusstheit. Zwar versuchen immer mehr Menschen, sich über sich selbst und ihr Leben bewusster zu werden. Sie bemühen sich, vor allem durch interessante Freizeitgestaltung zu mehr innerer Ausgeglichenheit zu kommen. Jedoch macht es nicht sehr viel Sinn, wenn wir nur in unserer Freizeit versuchen, durchzuatmen und uns im Arbeitsalltag weiter im Hamsterrad bewegen. Um die Energiequelle, die in unserem Inneren schlummert, nutzen zu können, sollten wir uns auch zwischendurch am Tag Zeit nehmen, um uns unseres Denkens und Handelns bewusst zu werden. Dazu genügen schon wenige Minuten, in denen wir ab und an innehalten, durchatmen und erspüren, was gerade in uns vorgeht. So sind wir in der Lage, ganz präsent zu sein und die Schönheit des Augenblicks wahrzunehmen. Unser Alltag bekommt eine ganz andere Qualität, besonders weil wir durch das bewusste Erspüren viel klarer denken und differenzierter handeln können. Dadurch lassen sich viel Stress und Leid vermeiden. Zum Beispiel, weil wir rechtzeitig bemerken, dass wir uns gerade selbst abwerten oder uns maßlos über etwas ärgern, das nicht zu ändern ist. Eine bewährte und äußerst wirksame Methode, um abzubremsen und zu sich zu kommen, ist der Yoga. Diese heilsame Bewegungsdisziplin kombiniert mit meditativen Übungen wird schon seit Jahren bei uns im Westen zunehmend beliebter.

Yoga: eine **moderne Lebensphilosophie**

Yoga wird weltweit als eine der ältesten Wissenschaften anerkannt, die sich mit dem Menschen in seiner Gesamtheit beschäftigt. Die meisten Schüler und Schülerinnen, die in meine Yogakurse kommen, denken dabei zunächst an achtsam ausgeführte, ausgefeilte Körperübungen, die der Entspannung dienen und nebenbei noch eine straffe Figur versprechen. Doch liegt Yoga vor allem eine Philosophie zugrunde. Sein Ziel ist es, unseren Geist zu schulen, stabiler, ruhiger und klarer zu werden. Außerdem gilt Yoga als Übungsweg, der zu Selbstverwirklichung führt. Die Körper- und Atemübungen, die Techniken der Entspannung und Meditation dienen dazu, uns über unsere Gedanken und Gefühle bewusst zu werden. Denn nur was uns bewusst ist, können wir auch verändern. Indem wir uns nicht ständig von äußeren Gegebenheiten ablenken lassen, sondern uns auf unsere inneren geistigen Werte besinnen, kann es gelingen, uns aus alten Denk- und Handlungsmustern zu befreien, die uns leiden lassen. Ziel der Yoga-Praxis ist es, selbstbestimmt und handlungsfähig zu werden und damit unsere Lebensqualität entscheidend zu verbessern. Diesen Zustand können wir täglich in der yogischen Praxis erleben.

HATHA-YOGA

Yoga ist in Indien seit über 3000 Jahren bekannt. Ursprünglich war er im Hinduismus angesiedelt. Die im Westen bekannteste Form, der Hatha-Yoga, hat sich im 8. Jahrhundert nach Christus aus dem Tantra-Yoga entwickelt, der in Abgrenzung zur stark körperfeindlichen Einstellung der damaligen yogischen Gelehrten entstanden ist. Der neue tantrische Ansatz besagte, dass der Körper ein wichtiges Geschenk des Lebens, ein Ausdruck des Göttlichen sei. Somit wurde er nicht länger missachtet und durch Selbstkasteiung zu unterdrücken versucht, sondern es galt nun, ihn gut zu versorgen. Nach wie vor wurden Meditation und Versenkung praktiziert, doch jetzt kamen auch körperbezogene Übungen dazu. Das wichtigste Ziel des Hatha-Yoga war ursprünglich die Verbindung mit dem Göttlichen. Es gibt also durchaus eine sehr spirituelle Grundlage. Dennoch war der Hatha-Yoga schon immer offen für Menschen gleich welchen Glaubens, die mehr über sich selbst und das Leben erfahren möchten. Denn in den zahlreichen philosophischen Texten wird vor allem die Selbstverantwortlichkeit des Menschen betont.

Der Weise Patanjali

Patanjali (ausgesprochen: Patannschali, mit Betonung auf n) ist einer der Weisen Indiens, der vermutlich 400 Jahre vor Christus gelebt und gewirkt hat. Fälschlicherweise wird in manchen Büchern behauptet, Patanjali war ein Hatha-Yogalehrer, was nicht möglich ist, da Hatha-Yoga zu seinen Lebzeiten noch nicht populär war. Was wir ziemlich sicher wissen, ist, dass er ein in der heiligen Sprache und Grammatik des Sanskrit bewanderter geistiger Gelehrter war, der sich durch intensives Studium und Kenntnis der alten philosophischen Schriften Indiens (Vedische Schriften, Upanishaden und andere) auszeichnete. Patanjali verfasste ein Werk, das *Yoga Sutra* genannt wird. *Sutra* bedeutet Faden beziehungsweise Leitfaden und so entpuppt sich das Schriftwerk des Patanjali bei näherer Betrachtung als eine Sammlung von weisen Aphorismen. Es ist eine Anleitung für eine sichere und glückliche Reise durchs Leben. Patanjalis Zitate haben mir immer wieder in diversen Lebenslagen geholfen, die Welt und aktuelle Situationen aus höherer Perspektive zu betrachten. Es sind echte Lebensratschläge.

DIE ACHT DISZIPLINEN DES YOGA

Patanjali erklärt in einer Art Dialog mit Zuhörern oder Schülern die acht unterschiedlichen Anteile des Yoga und lehrt damit den königlichen Weg des Yoga, der moralisch-ethische Empfehlungen genauso wie Meditationsanleitungen und eine stufenweise Annäherung an das hohe Ziel der Erleuchtung umfasst.

Info

Die **heilige Sprache** des **Sanskrit**

Um die Bedeutung und Syntax der altindischen Sprache Sanskrit verstehen zu lernen, sind lange Studien nötig. Die Sprache und die Worte des Sanskrit implizieren immer gleichzeitig die feinstoffliche Energie (siehe Seite 21), die schöpferische Bedeutung, die dieses Thema oder der Gegenstand beinhaltet. Lotusblüte, in Sanskrit Padme, bezeichnet nicht nur die Blume, sondern bedeutet auch »erhaben«, »rein«, »sich dem Licht der Sonne zuwendend«. Es ist also eine sehr prosaische Sprache, die nicht einfach eins zu eins übersetzt werden kann, wie Deutsch in Englisch. Sanskrit allein führt bereits weg von der Anhaftung an Gegenständen und hin in die Welt der Feinstofflichkeit.

Die Praxis von *Asana* (Körperposition), die die meisten Menschen automatisch mit dem Begriff Yoga verbinden, ist lediglich eine dieser acht Stufen. Vermutlich ist mit Asana im Yoga Sutra des Patanjali nur die regelmäßige Ausführung der Meditationshaltung gemeint, da der Sanskrit-Begriff Asana »Die richtige Hinsetzung« bedeutet. Die zahlreichen weiteren Haltungen haben sich erst Jahrhunderte nach Patanjalis Werk entwickelt.

Alle acht Yoga-Fertigkeiten bauen aufeinander auf, beziehungsweise greifen ineinander und können nicht wie bei einer To-Do-Liste hintereinander abgearbeitet werden. Der königliche Weg des Yoga ist ein Lebensweg, der – so empfiehlt Patanjali – durch Bewusstheit im Alltag gelebt und verfeinert wird. Mit Bewusstheit ist gemeint, uns erstens unseres eigenen Geisteszustands und zweitens der Auswirkungen unserer Handlungen im sozialen, gesellschaftlichen und globalen Umfeld bewusst zu sein. Den Zustand des höchsten Bewusstseins, der die achte Stufe des Yogawegs und gleichzeitig das Ziel darstellt, umschreibt Patanjali als die höchste, vollkommene und göttliche Lebensfreude.

Um diesen Zustand der Hingabe, der Offenheit und des Annehmens zu erreichen, brauchen wir viel Geduld, aber auch Energie und Willensstärke. Doch der Weg ist das Ziel. In unserer modernen, hektischen Welt stellt jede einzelne der acht Stufen bereits ein Versprechen dar, mehr Lebensfreude zu erlangen.

Wie weit Sie die Stufen weitergehen möchten, werden Sie im Laufe der Zeit selbst entdecken. Um Ihnen einen Überblick über den gesamten achtstufigen Yogaweg Patanjalis zu geben, finden Sie die einzelnen Stufen im Kasten auf der folgenden Seite kurz erklärt. In diesem Buch konzentrieren wir uns jedoch ausschließlich auf die ersten beiden Stufen »*Yama*« und »*Nyama*«. Denn diese interessanten Disziplinen enthalten alle Empfehlungen, um sich selbst zu beobachten, weiterzuentwickeln und die persönlichen Fähigkeiten und Wesenszüge zu verfeinern: Die zehn Gebote der Lebensfreude.

Die **zehn Gebote** der Lebensfreude

Der Begriff »Die zehn Gebote« erinnert unweigerlich an die zehn christlichen Gebote aus der Bibel. Nun darf man sich dies aber nicht so vorstellen, dass Patanjali Gebote von eins bis zehn nummeriert und benannt hat. Tatsächlich sind die zehn Gebote der Yoga-Stufen des *Yama* und *Niyama* moralisch-ethische Empfehlungen, um das eigene Verhalten bewusst zu gestalten – im Hinblick auf den Umgang mit anderen und anderem und mit sich selbst. Es sind Lehrsätze, Sutras, die Lebensratschläge darstellen, die nicht einfach nur mit einem Wort oder einem Satz aus dem Sanskrit ins Deutsche übersetzt werden können. Es sind vielmehr sehr subtile Coachinganleitungen für das Leben. Die Menschen, die zur Zeit Patanjalis lebten, waren genauso wenig immer nur liebevoll wie sie es heute sind. Schon damals waren Sorgen, Ängste und Aggressionen Bestandteil des Lebens. Das war natürlich auch Patanjali bewusst und so entwickelte er den achtstufigen Pfad, um den Menschen zu helfen, ihren Geist zu klären, die Ursache ihres Leidens zu erkennen

nfo

Die **acht Fähigkeiten** des Yoga nach Patanjali

1. Yama (bedeutet »Zügel« oder »Zügellenker«): Die erste Disziplin empfiehlt bewusstes Handeln und Verhalten im persönlichen Umfeld des täglichen Lebens. Sie unterteilt sich noch einmal in die ersten fünf Gebote.

2. Niyama (bedeutet »Versprechen«): Die zweite Disziplin empfiehlt und lehrt den bewussten Umgang mit sich selbst während des Alltags und des gesamten Lebenszyklus. Auch diese unterteilt sich in fünf Vorschläge oder Gebote.

3. Asana (bedeutet »richtige Hinsetzung«): Die dritte Disziplin lehrt und empfiehlt die tägliche Praxis von Asana, also meditative Sitzhaltungen und andere Körperpositionen.

4. Pranayama (bedeutet »Lenkung der Lebensenergie«): Die vierte Disziplin empfiehlt die regelmäßige Praxis von Atemübungen, um die darin enthaltene Lebensenergie zu lenken und zu fördern.

5. Pratyahara (bedeutet »Nach-Innen-Wenden der Sinne«): Die fünfte Disziplin lehrt den Rückzug der Sinne, um die Wahrnehmung auf das Innere zu lenken.

6. Dharana (bedeutet »Konzentration«): Die sechste Disziplin lehrt die hohe Kunst der Ein-Punkt-Konzentration, um das bewusste Verweilen bei einem Wort, einem Gefühl oder einem Objekt zu praktizieren.

7. Dhyana (bedeutet »Versenkung«): Die siebte Disziplin lehrt die komplette und wahre Meditation, bei der weder Körper noch Geist tätig sind und der Praktizierende, von allen Vorstellungen über sich selbst, von alten Glaubenssätzen und Mustern befreit, sich nur auf das Sein konzentriert.

8. Samadhi (bedeutet »reines kosmisches Bewusstsein«): Die achte Disziplin lehrt die Zielsetzung, im Zustand des Dhyana zu verweilen und in einen dauerhaften höheren, transzendenten Bewusstseinszustand zu gelangen, indem wir eins sind mit uns und der Welt.

und somit fähig zu werden, zukünftiges Leid zu vermeiden. Ich habe in Gesprächen mit Patienten oft bemerkt, dass sie beginnen anders zu handeln, wenn sie sich vorab Gedanken machen, wem sie unter Umständen durch ihr Handeln Leid zufügen. Diese Vorab-Reflexion macht sanftmütiger und gleichzeitig zielgerichteter.

Die Yoga-Philosophie lehrt, dass jedweder Schaden, den jemand anderen Personen zufügt, schließlich auf ihn selbst zurückfällt und damit die eigene Lebensfreude minimiert. Konkret gesagt, wenn ich meinem Nachbarn in unfreundlichem Ton zu verstehen gebe, dass er »gefälligst« seine Schuhe nicht kreuz und quer vor die Wohnungstür stellen soll, weil ich dann zwangsläufig über dieses Durcheinander stolpere, dann brauche ich mich nicht zu wundern, wenn er mir genauso unfreundlich antwortet. Mein eigentliches Ziel, dass er zukünftig seine Schuhe in der Wohnung deponiert oder etwas ordentlicher abstellt, werde ich so auch nicht erreichen, stattdessen wird er wahrscheinlich einen Bogen um mich machen und nicht mal mehr grüßen.

Die zehn Gebote des *Yama* und *Niyama* sind in erster Linie freundliche Empfehlungen und keine Gesetze oder Verbote. Sie bauen aufeinander auf, greifen aber auch ineinander wie Puzzleteile und zeigen stets weitere Facetten auf, wie wir uns selbst positiv verändern können. Es handelt sich um eine Motivationsmethode und einen Lebensstil, der alles enthält, was zu tun ist, um uns über unser Selbst, unsere Situation, unseren Platz in der Welt bewusst zu werden – in jedem Moment des Alltags. Der Lohn ist ein sinnerfülltes, glückliches Leben.

YAMA UND NIYAMA

Die ersten fünf Gebote des *Yama,* beziehungsweise die ersten fünf Kapitel, vermitteln Ihnen lebensnahe Empfehlungen für ein besseres Zusammenleben mit den Menschen in Ihrem Umfeld. Diese Lebensregeln zeigen Wege auf, wie Sie sich anderen gegenüber achtsamer, rücksichts- und liebevoller verhalten können und machen Ihnen bewusst, wie Sie dabei auf Ihr Umfeld positiv einwirken können.

Kurz unter einem Sanskrit-Wort zusammenfasst lauten meine
Interpretationen der zehn Lebensratschläge des Patanjali:

1. *Ahimsa*: Sanftmütig handeln und Liebe empfangen.
2. *Satya*: Aufrichtig sein und Wahrheit finden.
3. *Asteya*: Nicht begehren und Vertrauen gewinnen.
4. *Brahmacarya*: Besonnen leben und Fülle entdecken.
5. *Aparigraha*: Sich nichts zu eigen machen und viel erhalten.

Die Gebote sechs bis zehn des *Niyama,* beziehungsweise die zweiten
fünf Kapitel, möchten Sie motivieren, mit sich selbst bewusster und
achtsamer umzugehen. Sie lauten kurz zusammengefasst:

6. *Shauca*: Reinheit anstreben und Klarheit erzielen.
7. *Samtosha*: Beständigkeit suchen und Frieden finden.
8. *Tapas*: Blockaden überwinden und neue Kräfte gewinnen.
9. *Svadhyaya*: Sich selbst studieren und Weisheit erlangen.
10. *Ishvara-Pranidhana*: Vertrauen entwickeln und Freiheit finden.

SO INTEGRIEREN SIE DIE ZEHN GEBOTE IM LEBEN

Nehmen Sie sich am besten für jedes Kapitel circa eine Woche Zeit.
Machen Sie sich Gedanken darüber und schreiben Sie diese auf.
Vielleicht besorgen Sie sich gleich ein schönes Notizbuch, in das Sie
Ihre Selbstbeobachtungen wie in ein Tagebuch schreiben. Im nächsten
Schritt versuchen Sie, die freundlichen Empfehlungen im Alltag zu
leben. Erst nach einiger Zeit der Praxis beschäftigen Sie sich mit dem
nächsten Gebot. Machen Sie die vorgeschlagenen Übungen möglichst
täglich, denn Einsicht ist zwar schön und wichtig, doch mit ihr allein
kommen wir nicht weiter. Um alte Gewohnheiten, Glaubenssätze und
Vorurteile wirklich loslassen zu können, genügen Lesen und Reflektieren alleine nicht. Erst durch die regelmäßige Praxis gelingt es Ihnen,
die Inhalte der Gebote in Ihnen wie Samen zu verwurzeln, die nach
und nach zu keimen beginnen und mit Ihrem Wesen verwachsen.
Die zehn Gebote der Lebensfreude werden Ihnen meiner Erfahrung

nach mit der Zeit in Fleisch und Blut übergehen und Ihr Denken und Ihr Handeln verfeinern. Bei meiner Tätigkeit als Lebensberaterin setze ich diese zehn Punkte als Guideline an, da die meisten Menschen sich gerne an konkrete Listen halten, mit denen Sie arbeiten können. Auch wenn es hier um Veränderungen ethischer Verhaltensweisen geht, ist mein pragmatischer Ansatz, stets Spiritualität mit dem Alltag zu verbinden. Patienten und Schüler, die sich über Wochen und Monate hinweg mit den zehn Empfehlungen näher befassten, stellten immer wieder fest, dass alle Regeln auf diverse Alltagssituationen anwendbar sind. So erkennen viele Menschen, dass sie weniger von anderen belogen werden, seit sie selbst aufhörten, Notlügen zu verwenden.

AN HINDERNISSEN WACHSEN

Die größten Stolpersteine in der praktischen Umsetzung der zehn Gebote der Lebensfreude sind tatsächlich allgemeingültige Konventionen, die sich in unseren Köpfen festgesetzt haben und quasi gesellschaftlich anerkannt sind, wie »entschuldbare« Notlügen oder das als naturgegeben angesehene Verlangen nach immer noch mehr Konsum. Ich ertappe mich selbst – und vermutlich geht es Ihnen auch so – immer wieder bei dem Gedanken »wenn es andere tun, kann ich es doch auch tun«. Und schon kommt eine Notlüge (entgegen dem zweiten Gebot der Wahrhaftigkeit »Satya«) aus meinem Mund oder ich werde neidisch auf das, was andere besitzen (entgegen dem dritten Gebot der Bescheidenheit »Asteya«). Ich ärgere mich mittlerweile aber nicht mehr über mich selbst, sondern mache mir immer wieder bewusst, dass Stolpersteine dazu da sind, aus dem Weg geräumt zu werden. Ich stelle mir vor, dass das Leben eine lang anhaltende Reise ist, die mit jedem weggeräumten Stein sicherer und glücklicher wird. Und wer möchte schon auf einer ewig langen, glatt asphaltierten Straße ohne Kurven, Höhen und Tiefen durch sein Leben laufen? Manche Empfehlungen der zehn Gebote werden Ihnen leichter fallen, mit anderen werden Sie vielleicht hadern, doch das macht das Ganze interessant und spannend. Die zehn Gebote in allen

Facetten jeden Tag und dauerhaft umzusetzen, wird die neue Herausforderung für Ihr Leben sein – und als wohltuenden Ausgleich werden Sie mit tiefsinniger Lebensfreude bereichert.

Yoga und **Religion**

Wenn man sich wie ich mit alten Philosophien und Denkmodellen über das Leben beschäftigt, bleibt der Vergleich zu religiösen Lehren nicht aus – egal ob es sich um christliche, muslimische, jüdische oder buddhistische handelt oder um andere Ansätze. Meiner Erfahrung nach sind Yoga und die zehn Lebensratschläge des Patanjali frei von Religionen und Dogmen und deshalb verehre ich diese alte Weisheit so sehr. Die Praxis des Yoga und die gesamte Yoga-Philosophie ist ein Weg hin zu Natürlichkeit, Ganzheit, zur Liebe zu sich selbst und zum Leben.

Wir verehren das, was ist, ohne dass wir uns dabei einen strafenden Gott oder tadelnde Götter vorstellen. Genauso wenig denken wir in Hierarchien von Himmel und Hölle oder ordnen uns dualistischem Denken von Gut und Böse unter. Alles, was ist, hat seinen Platz. Meiner ganz persönlichen Meinung nach benötigen wir ohne Zweifel einige Regeln des Zusammenlebens, die uns jedoch keineswegs von einer religiösen Institution aufgezwungen werden können. Wenn eine der dogmatischen, sich gegenseitig bekriegenden Religionen recht hätte, wären nach rund 2000 Jahren Religionsgeschichte schon längst alle Menschen in Liebe vereint.

Viel lebenswichtiger und friedvoller sind daher Lebensregeln, die jeder für sich selbst erarbeiten, reflektieren und im Alltag umsetzen kann – die zehn Gebote der Lebensfreude erfüllen diese Voraussetzungen und bilden eine religionsfreie Basis.

Ich habe daher auch im Text Wörter wie »Gott« durch »Göttlichkeit« oder »Schöpfung« ersetzt, da diese Begriffe neutraler und religiös wertfreier anmuten. Im Kasten erläutere ich noch einige wichtige Begriffe, auf die Sie in den folgenden Kapiteln immer wieder stoßen werden.

Begriffserläuterungen

1. **Grobstoffliche Materie** ist das, was für jeden Menschen sichtbar und fühlbar ist (Wasser, Stein, Holz, Haut, Nahrung, Körper und so fort).

2. **Feinstoffliche Energie** ist das, was nicht sichtbar, aber dennoch existent und fühlbar ist.

3. **Die Schöpfung** umfasst einerseits alles, was wir kennen (Menschen, Tiere, Natur, Erde, Universum), ist aber auch ein Begriff dafür, wer/was dies alles geschaffen hat oder was der Grund und der Ursprung beziehungsweise die Urquelle dafür ist, dass dies alles existiert.

4. **Die Göttlichkeit** verwende ich als neutralen Ausdruck, um Assoziationen mit Götternamen zu vermeiden. Dennoch mag die Göttlichkeit der Schöpfer/ die Schöpferin der Schöpfung oder die Schöpfung selbst sein.

5. **Die Seele** ist der Kern einer jeden individuellen Existenz, sie ist feinstofflicher Natur und sie ist das, was nach dem körperlichen Tod weiter existiert, was über alle Zeiten hinweg besteht und was die lebendige Verbindung zwischen dem Körper-Geist-System des Menschen und der göttlichen Schöpfung darstellt.

6. **Spiritualität** ist eine religionsfreie, aber dennoch philosophische und sanfte Lebensweise und -reise; es ist eine Suche nach Antworten nach dem Sinn des Lebens und darauf, wer wir sind, wie wir mit der Schöpfung zusammenhängen und welchen Beitrag wir für die Gesamtheit der Schöpfung leisten können und dürfen.

7. Das »**wahre Selbst**« oder das »Innere« oder das »eigene Selbst« ist das, was wir während der spirituellen Lebensreise suchen, während wir hoffen, uns von rein rationalem Denken und emotionalen Empfindungen zu befreien und über unsere irdische, menschliche Existenz hinauszublicken. Wenn es uns gelingt, zu unserem essenziellen Wesenskern zurückzukehren, erfahren wir Einheit mit der Urquelle der Schöpfung.

1. Ahimsa –

GEWALTLOSIGKEIT

In diesem Kapitel geht es darum, bewusster und rücksichtsvoller mit anderen Lebewesen umzugehen. Stets sanftmütig zu denken und zu handeln ist eine Herausforderung, doch indem wir Achtsamkeit praktizieren, gelingt es uns, rechtzeitig innezuhalten und Schaden bereits im Vorfeld zu vermeiden.

SANFTMÜTIG HANDELN
UND LIEBE EMPFANGEN

»Je behutsamer ein Mensch handelt,

desto mehr werden andere Menschen

in seiner Gegenwart

liebevolle Gefühle empfinden.«

PATANJALI | Yoga Sutra 2.35

Himsa ist das Sanskritwort für Gewalt, Aggression und Verletzung.
Die Übersetzung für die erste Empfehlung *Ahimsa* lautet daher »Nicht-
Gewalt«, also »Gewaltlosigkeit«. Doch dieser Begriff umfasst mehr, als
wir auf den ersten Blick vielleicht vermuten würden. In meinen Kursen
habe ich festgestellt, dass die meisten beim Begriff Gewalttätigkeit einen
»Schlägertypen« vor Augen haben, der seine Aggressionen durch körperliche Gewalt ausagiert. Schon etwas weniger Kursteilnehmer fassen
den Begriff weiter – für sie gehört auch hemmungsloses Herumbrüllen
oder Schreien dazu, für andere ist bereits heftiges Türenzuschlagen ein
Ausdruck von Gewalt.
Sanskritwörter umschreiben stets ein weitreichendes Themenfeld, und
so empfiehlt das erste Gebot nicht nur Gewaltlosigkeit, sondern auch
eine andere Facette der offensichtlichen Gewalttätigkeit, die als »Nicht-
Verletzen« übersetzt wird. Die treffendere Übersetzung von *Ahimsa*

lautet, sanftmütig zu sein und sanftmütig zu handeln. So ausgedrückt wird die Absicht deutlicher, alles zu unterlassen, was ein lebendes Wesen verletzen könnte, sei es durch Gedanken, Worte oder Taten.

Schaden durch **Bewusstheit** vermeiden

Dieses Gebot klingt eigentlich relativ einfach, oder? Vermutlich gehen Sie wie die meisten Menschen davon aus, ein netter und umgänglicher Zeitgenosse zu sein, der selbstverständlich keine Gewalt gegen Mitmenschen ausübt. Doch ganz ehrlich – wie schnell schimpfen wir über die »nervige« Kollegin, lästern über den »blöden« Chef, machen uns über die »dusselige« Kassiererin im Supermarkt lustig …?

Wahre, tiefe Lebensfreude erreichen wir nur durch Bewusstheit. Und das bedeutet, Schaden bereits zu vermeiden, bevor dieser entsteht. Es geht also nicht nur darum, keine rohe Gewalt auszuüben, was zum Glück ohnehin die wenigsten Menschen tun, sondern auf tiefer Herzensebene im gesamten Denken und Handeln sanftmütig zu werden. Alle zehn Gebote regen zu einem Bewusstseinsprozess an. Die ersten fünf Gebote weisen immer wieder darauf hin, sich der eigenen Gedanken und der daraus resultierenden Handlungen bewusst zu werden. In Falle von *Ahimsa* bedeutet dies, auch gewaltfrei zu denken und nicht nur den – je nach Umstand – vorhandenen Wunsch zu unterdrücken, zu lästern, zu lachen oder loszuschreien.

DIE FOLGEN VON BEWERTUNG UND ABLEHNUNG

Das klingt schon nicht mehr so einfach, denn uns ist meist gar nicht bewusst, wie schnell wir jemanden bewerten, ihn in eine Schublade stecken, ihn auf den ersten Blick ablehnen. Genauso wenig merken wir, wie rasch diese negativen Gefühle negative Gedanken und Handlungen nach sich ziehen. Angenommen, Ihr neuer Nachbar hat sein Auto schon mehrfach auf Ihren angestammten Lieblingsparkplatz vorm Haus gestellt. Dann denken Sie vielleicht jedes Mal, wenn Sie ihn sehen: »Da kommt der unverschämte Kerl ja schon wieder«. Und weiter: »Der kann ja wohl auch nie grüßen!« »Soll das nun schon gewalttätiges Verhalten sein?«, fragen Sie sich jetzt vielleicht. Sicher, diese Ansicht klingt ein bisschen übertrieben, doch Sie stimmen mir bestimmt zu, dass es kein sanftmütiges Handeln ist. Denn die giftigen Blicke, die Sie Ihrem Nachbarn zuwerfen, und die abweisende Körperhaltung, die Sie automatisch einnehmen, sobald Sie ihn sehen, wirken ausgesprochen negativ – der arme Mensch traut sich wahrscheinlich gar nicht mehr zu grüßen und das ursprüngliche Ärgernis löst sich so auch nicht auf.

Die **Veredelung** der **menschlichen Natur**

Patanjali nannte den notwendigen Bewusstseinsprozess »die Veredelung der menschlichen Natur«. Dieser Begriff ist im modernen Sprachgebrauch eher ungewöhnlich, doch bedeutet er einfach »charakterliche, geistige Verbesserung« oder »Vervollkommnung«, zu der laut Yoga-Philosophie jeder Mensch in der Lage ist. Unsere Aufgabe besteht also darin, uns über unser Denken und unsere Gefühle klar zu werden, um vor jeder Handlung abwägen zu können, ob diese direkt oder indirekt einem Lebewesen oder einer Sache Schaden zufügen könnte. So ermuntert das erste Gebot zu größerer Achtsamkeit und dazu, vor jeder Handlung innezuhalten und abzuwägen, was eine angemessene und sanftmütige Reaktion wäre und erst dann entsprechend zu handeln. Stets sanftmütig zu denken und zu handeln ist eine ziemliche Herausforderung. Denn sobald wir uns angegriffen fühlen, reagieren wir spontan mit Abwehr: Je nach Charakter und Situation ziehen wir uns automatisch beleidigt zurück oder gehen sofort zum Gegenangriff über. Dabei kommt es gar nicht darauf an, ob wir tatsächlich angegriffen werden – es genügt völlig, dass wir es so einschätzen. Sobald wir ein Verhalten oder eine Situation negativ bewerten, stecken wir schon in der Falle: Wir wehren uns dagegen, lehnen es ab und reagieren, ohne zu überlegen (siehe auch Seite 28).

ACHTSAMES WAHRNEHMEN

Achtsamkeit heißt das Mittel, das uns hilft, dieses gewohnheitsmäßige Reiz-Reaktions-Schema zu überwinden. Das bedeutet immer wieder innezuhalten und innerlich »Stopp« zu sagen oder »Was passiert jetzt gerade?« Diese kurze Unterbrechung hilft uns, uns über unsere Gefühle und Gedanken bewusst zu werden. Wir erkennen, dass wir verletzt, wütend, ängstlich und voller Ablehnung sind. Wenn wir diese unangenehmen Gefühle eine Weile aushalten und nicht gleich wieder verdrängen wollen, verlieren sie ihre unterschwellige Macht über unser Denken und Handeln. Wir sind fähig, durchzuatmen und uns als Nächstes zu fragen, was wir eigentlich erreichen möchten: Ein friedvolles Miteinander, die Lösung eines Problems, das Ende eines schwelenden Streits? Wenn wir uns dabei ertappen, dass wir unser Gegenüber nur übertrumpfen oder verletzen wollten, um uns für einen kurzen Augenblick besser zu fühlen, können wir rechtzeitig gegensteuern.

Diese Achtsamkeit gewinnen wir natürlich nicht im Handumdrehen, doch wenn wir regelmäßig üben und unsere Aufmerksamkeit schulen, gelingt dies mit der Zeit recht gut. Sanftmütiges Handeln ist die Voraussetzung dafür, dass uns unsere Mitmenschen gleichfalls sanftmütig, behutsam und achtsam entgegenkommen. Wie ein Spiegelbild unseres Wirkens wird sanftmütiges Denken und Handeln als liebevolle Freundlichkeit zurückgespiegelt. Wenn wir sanftmütig handeln, wird unser Leben um so vieles angenehmer und wertvoller. Deshalb ist diese erste Regel innerhalb der zehn Gebote eine fundamentale Empfehlung und bildet die Basis im Umgang mit anderen Menschen und Dingen, auf denen alle anderen neun Gebote aufbauen.

GEWALTLOSIGKEIT FÜR SICH SELBST DEFINIEREN

Um authentisch gewaltfrei im Alltag zu leben, hilft es, sich erstens bewusst zu machen, was Sie persönlich unter dem Begriff Gewalt verstehen und welche Handlungen Sie diesem Wort zuordnen. Schreiben Sie alles in Ihr Notizbuch, was Ihnen dazu einfällt. Im nächsten Schritt überlegen Sie, was Sie mit dem Begriff »Nicht-verletzen« assoziieren. Bedenken Sie dabei auch, wann Sie sich verletzt fühlen. Welches sind Ihre empfindlichen Punkte? Zum Schluss machen Sie sich darüber Gedanken, wen oder was man verletzen beziehungsweise wem oder was man Gewalt antun kann. Schreiben Sie auch das in Ihr Notizbuch, denn wenn wir etwas schriftlich ausformulieren, gehen wir automatisch um einiges mehr in die Tiefe, als wenn wir uns nur gedanklich damit auseinandersetzen.

SO DEFINIERT DIE YOGA-PHILOSOPHIE GEWALT

Der erste Aspekt von *Ahimsa* bedeutet, anderen Menschen oder Lebewesen keine körperliche Gewalt zuzufügen. Die meisten Menschen lehnen diese Form der Gewalttätigkeit in ihrem Alltag strikt ab. Dennoch sind erstaunlich viele Personen von Filmen, Büchern und Computerspielen fasziniert, in denen geprügelt, gefoltert und getötet wird. Denken Sie nur an die vielen Kinoerfolge des Action-Genres und an die Masse an blutrünstiger Literatur über Serienkiller und dergleichen.

Zum Glück sind die meisten Menschen im wahren Leben absolut friedliebend und prügeln weder im Affekt noch vorsätzlich auf Mitmenschen oder Tiere ein. Aber haben Sie schon einmal in der Wut eine Tür laut zugeschlagen oder auf den Tisch gehauen, weil Sie einem Standpunkt mehr Nachdruck verleihen oder sich bei einem Streit durchsetzen wollten? Spüren Sie in sich hinein und überlegen Sie, welche Möglichkeit es gegeben hätte, feinfühliger zu reagieren. Vielleicht wäre ein tiefes Durchatmen möglich gewesen, um erst mal ein Stück von der Palme herunterzukommen?

Es gibt immer eine Möglichkeit, unsere üblichen Reiz-Reaktions-Muster zu unterbrechen. Wenn Ihre Argumente in einer Diskussion oder im Streitgespräch nicht überzeugend sind, hilft eine donnernd zugeschlagene Tür auch nicht weiter, wie Sie sicher schon selbst festgestellt haben. Vermutlich haben Sie sich nach jedem hitzig geführten Streit selbst unwohl oder verletzt gefühlt. Ausübung von Gewalt hat also viele Facetten: gegen Gesprächspartner, gegen Türen oder gegen sich selbst. All diese Aspekte sind mit der freundlichen Empfehlung der Gewaltlosigkeit gemeint.

ACHTSAM AGIEREN IM RESONANZFELD

Die philosophischen Aspekte des Yoga lehren die Symbiose zu beachten, in der alle Menschen und jedes Wesen innerhalb der Gemeinschaft miteinander leben. Es ist eine ungeschriebene Gesetzmäßigkeit, dass das Resonanzfeld, in dem alle und alles miteinander verbunden sind, wie ein Spiegelbild jede Aktion, jede Schwingung, jede Handlung auf den Ursprung zurückwirft. Folglich ist es viel weiser, behutsam und liebevoll zu handeln, wenn man ebenso behutsam und sanftmütig behandelt werden möchte.

Stellen Sie sich vor, Sie haben ein sehr kritisches Thema mit Ihrem Partner zu besprechen und Sie bemerken, wie langsam Wut in Ihnen hochkocht. Sie haben jetzt zwei Möglichkeiten: Entweder Sie lassen Ihrem Ärger freien Lauf und verletzen damit Ihren Partner und vermutlich auch sich selbst. Oder Sie unterbrechen die Diskussion rechtzeitig und verschieben sie auf einen späteren Zeitpunkt, wenn Sie sich beide wieder beruhigt haben.

Ein solches Verhalten wäre weder als Aufgabe noch als Rückzug zu bewerten, sondern stellt sanftmütiges wie kluges Handeln dar. Bis aufs letzte Wort (oder wie früher bis aufs Messer) zu kämpfen, ist ein archaisches Prinzip. Zeitgemäßer ist das Motto »Ich gehe bewusst mit Konflikten um«. Kompromisse sind bei Auseinandersetzungen ohnehin wichtig und richtig und so ist es eine weise Vorgehensweise, die persönlichen Standpunkte zum Diskussions- und Streitthema nicht erhitzt, sondern erst dann vorzutragen, wenn eine gewisse Zeit ins Land gegangen ist. Diese Pause verschafft Ihnen und dem Diskussionspartner den nötigen Abstand, über alles noch einmal gründlich nachzudenken, um dann in gelassener Atmosphäre sachlicher weiterzudiskutieren.

Was bedeutet **»Nicht-Verletzen«?**

In Ihrer Kindheit haben Sie vielleicht den Weisheitsspruch »*Was du nicht willst, das man dir tu, das füg auch keinem anderen zu*« von Großeltern oder Eltern gehört. Dieser Satz umfasst – wie das Gebot *Ahimsa* – körperliche Gewalt, jedoch auch noch einige tiefere Schichten. Vielleicht erinnern Sie sich noch an eine Situation aus der Arbeit oder noch früher aus der Schule: Wie weh tat es, wenn jemand über Sie lästerte oder Bemerkungen machte, die alte Wunden aufrissen? Wie schlimm war es, als jemand die Augen verdrehte oder sich demonstrativ zurückzog, wenn Sie sich näherten? Solche verbalen und nonverbalen Angriffe erzeugen massiven Stress, sie irritieren, rauben Energie und machen schlimmstenfalls krank und dauerhaft unglücklich.

Sanftmütiges Handeln im Sinne des ersten Gebotes *Ahimsa* möchte Sie ermutigen, sich an diese alten Gefühle zu erinnern oder sich vorzustellen, wie Sie sich in solchen Situationen fühlen würden. Es möchte Sie dazu anregen, Ihre Gedanken zu überprüfen, bevor Sie sie aussprechen und andere verletzen. Überlegen Sie grundsätzlich, ob Ihre Kommentare zielführend und überhaupt berechtigt sind. Beurteilen Sie vielleicht etwas oder jemanden spontan, ohne die Hintergründe zu kennen?

NICHT BEWERTEN UND NICHT VERURTEILEN

Kommentieren Sie beispielsweise die Stimmung Ihres Chefs gegenüber einer Kollegin mit »Der hat aber heute schlechte Laune«, ohne zu überlegen, ob Ihr Chef vielleicht Kopfschmerzen oder gravierende private Probleme hat? Dies wäre zwar auch kein Grund, seine schlechte Laune an anderen auszulassen, ist jedoch ein gutes Beispiel dafür, wie schnell wir selbst die Regel des »Nicht-Verletzens« missachten.

Machen Sie ein kleines Experiment und beobachten Sie sich heute den ganzen Tag dabei, ob und wie Sie etwas bewerten. Und bedenken Sie dabei auch, dass Ihre Verurteilungen und Kommentare gar nichts zum Besseren wandeln. Sie sind das einzige Wesen, das Sie verändern können. Andere Personen können Sie nicht verändern, jedoch durch

Ihr sanftmütiges Denken und Handeln beeindrucken. Sie sind es, die künftig bewusst handelt und weder Mitmenschen noch Lebewesen und Dinge verletzt. Das bedeutet nicht, dass Sie keine klaren Grenzen mehr setzen dürften oder in Diskussionen um des lieben Friedens willen zu allem Ja und Amen sagen müssten. Es geht vielmehr um das Wie und die Absicht, die hinter unseren Handlungen steckt: Wollen wir dem anderen zeigen, wie überlegen wir ihm sind, möchten wir es ihm gar irgendwie »heimzahlen« oder suchen wir aufrichtig nach einer heilsamen Lösung (siehe auch Seite 26)?

Übung 1: Zuneigung und Ablehnung erkennen

- Halten Sie heute immer wieder im Tagesablauf inne und überprüfen Sie, ob und wie Sie gerade etwas bewerten: Beim Frühstück können Sie sich beispielsweise sagen: »Der Kaffee riecht köstlich, das empfinde ich als angenehm.« Beim Blick aus dem Fenster: »Es regnet und wird gar nicht richtig hell draußen, das empfinde ich als unangenehm.« In der überfüllten U-Bahn bemerken Sie vielleicht den Geruch der nassen Mäntel um Sie her und denken: »Das finde ich eklig!« Auf Ihrem Schreibtisch finden Sie eine nette Notiz Ihrer Kollegin und denken sich: »Das finde ich total süß« und so weiter.
- Werden Sie sich bewusst, wie Sie alles, was Ihnen begegnet, positiv oder negativ bewerten, und wie sich das anfühlt. Wollen Sie es spontan bekämpfen oder mehr davon haben?
- Nehmen Sie Ihre Gefühle und Reaktionen einfach nur wahr und schulen Sie auf diese Weise Ihre Achtsamkeit. Mit der Zeit gelingt es Ihnen, nicht mehr automatisch zu reagieren, sondern eine Pause zwischen Impuls, Bewertung und Handlung zu machen.

LIEBEVOLL MIT SICH SELBST UMGEHEN

Auch wenn wir es anderen Menschen nicht immer zeigen: Wir sind empfindsam und verletzlich, und wenn wir abends den Tag Revue passieren lassen, wird uns immer etwas einfallen, das uns Kummer bereitet oder gar verletzt hat. Üben Sie sich im Verzeihen – auch das macht sanftmütig. Eine äußerst interessante Aufgabe ist es, sich darüber Gedanken zu machen, wann, wie und warum wir uns selbst Schaden zugefügt oder verletzt haben. Da ist vielleicht ein blauer Fleck am Bein, weil wir zu schnell vom Schreibtisch aufgesprungen und an einer Ecke angestoßen sind. »Warum so eilig?« wäre die passende Frage. Der Schnitt in den Finger beim Gemüseschneiden kann die Frage »Warum so unkonzentriert?« nach sich ziehen. Spannend wird es, wenn wir uns fragen, warum wir uns selbst als »Blödmann« oder »dusselige Kuh« oder mit »Oh, bin ich doof« beschimpfen. Stellen Sie sich einmal vor, wie Sie reagieren würden, wenn dies eine andere Person zu Ihnen sagen würde. Sie wären vermutlich stinksauer. Warum beschimpfen oder verletzen Sie sich also selbst? Das erste Gebot empfiehlt auch, sanftmütig und gütig sich selbst gegenüber zu sein. Wenn Sie sich darüber bewusst werden, wie verletzlich Sie selbst sind, können Sie sich auch leichter in andere Menschen hineinversetzen. Sagen Sie ab jetzt öfter zu sich »Oh, das mache ich das nächste Mal aber besser«, anstatt sich zu beschimpfen.

> *»Jede unserer inneren Einstellungen kann uns
> Probleme bereiten oder aber dazu beitragen,*
> **dass wir glücklicher werden.«**

PATANJALI | Yoga Sutra 1.5

DIE UMWELT SCHONEN

Ein weiterer zentraler Aspekt des Nicht-Verletzens betrifft die Beziehung zu unserem Planeten und umfasst die Gemeinschaft mit allen Geschöpfen sowie die natürlichen Ressourcen auf Erden. Die Erde wird in der Yoga-Philosophie als lebendiger Organismus betrachtet und somit gilt es, auch ihr gegenüber Schaden zu vermeiden. Das ist ein breites Feld, denn die hemmungslose Ausbeutung aller Energieressourcen, die Umweltverschmutzung, (Atom-)Müllerzeugung, Massentierhaltung, der Monokulturanbau und so weiter sind alles Facetten von Gewalt im Sinne des ersten Gebotes. Auch wenn wir beispielsweise nicht selbst vor den Küsten nach Öl bohren, im Regenwald die Motorsäge führen oder Besitzer einer Legehennenbatterie sind: Wir profitieren in irgendeiner Form von der Ausbeutung und tun Tieren und Pflanzen und dem gesamten Planeten zumindest indirekt durch unseren unbedachten Konsum Gewalt an. Bewusstheit ist der Schlüssel zu allen Aspekten der Gewaltlosigkeit – auch beim Einkauf von Lebensmitteln oder Produkten, die beispielsweise aus Tropenholz, Palmöl oder aus Plastik bestehen, die die Umwelt während der industriellen Fabrikation auslaugen oder im Nachhinein belasten. Alles ist verletzlich.

So **vermehrt** *Ahimsa* Ihre **Lebensfreude**

Ohne Frage ist Gewaltlosigkeit eine Tugend, die nicht nur Bestandteil der Yoga-Philosophie, sondern zentrales Element aller Philosophien und Religionen der Welt ist. Gewaltlosigkeit tiefgründiger auszulegen und auszuleben, ist eine lebhafte Herausforderung, wenn alle Facetten der Begriffe »Nicht-Verletzen« und »Vermeiden von Schaden« einbezogen werden. Sanftmütig zu sein und Sanftmut vorzuleben ist jedoch nicht nur ein Geschenk an die Welt, sondern auch an Sie selbst, denn es vermehrt Ihre Lebensfreude.

Sie werden bemerken, wie Ihr reflektiertes Denken und Handeln Ihr Leben friedlicher werden lässt. Unsere Aggressionen, die wir alle in uns tragen, werden ja vom Resonanzfeld zum Ausgangspunkt zurückgeworfen. Sobald Sie eine profunde, sanftmütige innere Schwingung nach außen senden, weil Sie nach dem ersten freundlichen Gebot leben, denken und handeln, wird Ihr Alltag wesentlich entspannter und liebevoller verlaufen, denn Ihre Familie, Kollegen, Freunde, Nachbarn … reagieren entsprechend auf Sie. Sie werden feststellen, dass Ihr neuer Lebensstil der Sanftmut von den Personen in Ihrem Umfeld sogar übernommen wird. Dies geschieht allein aufgrund Ihrer veränderten Ausstrahlung, die Sie auf andere übertragen.

Wenn wir die Welt liebevoller gestalten möchten, ist es sinnvoll, bei uns selbst zu beginnen. Sie können gleich mithilfe der nachstehenden Übung anfangen, Ihr Denken und Handeln zu verwandeln.

Weisheitsgeschichte

Ein Hund hatte vom Tempel der Tausend Spiegel gehört und machte sich auf die Suche nach diesem Ort. Nach langer Wanderschaft kam er schließlich ans Ziel. Der Hund stieg die steilen Treppen zum Tempel hinauf und durchschritt, froh und glücklich endlich angekommen zu sein, den Tempeleingang. Da blickten ihn aus tausend Spiegeln tausend freundliche, glückliche Hunde an und alle wedelten fröhlich mit dem Schwanz. Der Hund war zufrieden und freute sich und verließ den Tempel mit dem Gefühl, dass die Welt voller freundlicher Hunde sei.

Am nächsten Tag kam ein anderer Hund zum Tempel der Tausend Spiegel. Er war müde und erschöpft und nun musste er auch noch die steile Treppe hinaufsteigen. Er betrat missmutig den Tempel und da blickten ihn aus tausend Spiegeln tausend missmutige Hunde an. Er knurrte und fletschte die Zähne und so knurrten auch tausend andere Hunde ihn an und fletschten die Zähne. Der Hund verließ den Tempel der Tausend Spiegel in dem Gefühl, dass die Welt voller missmutiger Hunde sei.

Übung 2: Ihr Spiegelbild betrachten

- Nehmen Sie sich täglich 10 Minuten Zeit.
- Sorgen Sie dafür, dass Sie weder von Partner, Kindern, Telefon oder anderen Geräuschen gestört werden.
- Positionieren Sie einen Spiegel vor sich, in dem Sie Ihre Augen ganz nah betrachten können.
- Blicken Sie sich selbst für 10 Minuten ohne Unterlass in die Augen.
- Versuchen Sie alle kopfgesteuerten Erwartungen und Feststellungen ziehen zu lassen und schauen Sie sich vorurteilsfrei in die Augen.
- Entdecken Sie das Wesen, das sich hinter Ihren Augen befindet.
- Blicken Sie in Ihr Innerstes und versuchen Sie das wahre Wesen in Ihnen kennenzulernen.
- Konzentrieren Sie sich nicht auf Ihre Augenfalten oder Nasenform, lassen Sie sich davon nicht von der Wahrnehmung Ihres Innersten ablenken.

Am besten praktizieren Sie die Selbstbeobachtung eine Woche lang jeden Tag, bevor Sie sich dem nächsten Kapitel, dem nächsten Gebot und den nächsten Aufgaben zuwenden. Sie können die Übung auch zweimal täglich – morgens und abends – ausführen, um festzustellen, wie sich Ihr Innerstes verwandelt. Lassen Sie sich nicht von Ihrem äußeren Erscheinungsbild ablenken. Die Übung besteht darin, sich selbst ohne Unterlass in die Augen zu schauen – In vielen Kulturen werden die Augen als die Tore zur Seele bezeichnet, Sie werden spüren, dass ein liebevoller und friedlicher Wesenskern in Ihnen steckt, der eventuell durch äußere Umstände überdeckt ist. Spüren Sie, wie gut es tut, Ihr inneres, friedvolles Wesen zu erwecken und ihm mehr Platz in Ihrem Sein, Leben und Alltag einzuräumen. Sie werden so mehr Lebensfreude spüren und erleben.

DAS EIGENE DENKEN UND HANDELN VERWANDELN

Auch die folgende Übung wird Ihnen helfen, Ihr Denken und Handeln in Hinblick auf das erste Gebot zu verwandeln. Dieser Prozess der Verwandlung benötigt einige Zeit – seien Sie also geduldig mit sich. Mit Einfühlungsvermögen und Verständnis auf die kleinen und größeren Ereignisse und Angriffe im Alltag zu reagieren, ist eine Frage der Achtsamkeit und des Trainings – dies kann nicht von heute auf morgen hastig umgesetzt werden. Durch die Übungen 1 und 2 haben Sie damit begonnen, sich selbst zu beobachten und Ihre persönlichen

Übung 3: Lächeln Sie

- Visualisieren Sie sich selbst – wann immer Sie Zeit dazu haben – als lächelnden und strahlenden Menschen.
- Schließen Sie die Augen und beginnen Sie als ersten Schritt damit, sich öfters am Tag selbst ein inneres Lächeln zu schenken.
- Nach und nach senden Sie in Ihrer Vorstellung ein Lächeln zu Menschen, die zwar nicht anwesend, Ihnen aber lieb und teuer sind.
- Wenn Ihnen dies gut gelingt und Lächeln selbstverständlich und authentisch für Sie geworden ist, beginnen Sie damit, in Ihrer Vorstellung Menschen Lächeln zu senden, die Sie nicht mögen.
- Steigern Sie Ihre mentale Übung nach und nach, indem Sie Personen Lächeln senden, die Ihnen wehgetan oder in irgendeiner Form geschadet haben.
- Wiederholen Sie dies immer wieder, bis Ihr Lächeln ehrlich gemeint ist und Sie die Wärme und Freundlichkeit wirklich spüren können.
- Und zu guter Letzt üben Sie sich darin, Menschen, die Sie bisher nicht mochten, in der Realität und von Herzen anzulächeln.

Reaktionsmuster besser kennenzulernen. So werden Sie nach und nach Ihr Bewusstsein verfeinern. Mit der Zeit werden Sie sanftere Gefühle und Empfindungen sich selbst und Ihren Mitmenschen gegenüber entwickeln und schließlich wird sich Sanftmut und neue Lebensfreude tief in Ihrem Inneren verankern.

Die Übung 3 des Lächelns ist eine wundervolle Möglichkeit, sich auf den Tag einzustimmen oder abends im Nachklang des Tages in Kontemplation zurückzuziehen. Wichtig ist, dass Ihr Lächeln von Herzen kommt und ehrlich gemeint ist, egal wem dieses Lächeln gilt: Ihnen selbst, Ihren Freunden oder Ihren Feinden, die dann bald keine Feinde mehr sein werden. Ein Lächeln verändert so viel in der Außenwelt, aber auch in Ihrem Inneren. Durch ein Lächeln entspannt sich Ihre Mimikmuskulatur und sogar Hals und Nacken werden lockerer. Durch ein Lächeln kann das Licht Ihrer Seele nach außen strahlen und Sie werden augenblicklich gut drauf sein. Profitieren Sie von Ihrer eigenen Sanftmut und Ihrer Herzensliebe mit unablässig fließender Lebensfreude

Auf einen Blick

Das erste Gebot zusammengefasst

→ Gewaltlosigkeit umfasst nicht nur gewaltfreies Handeln, sondern auch friedvolles Denken.

→ Durch Selbstanalyse werden wir uns der eigenen Gedanken und Gefühle bewusst und lernen, sie aufmerksam zu beobachten.

→ Schaden und Verletzungen an anderen oder anderem gilt es zu vermeiden, bevor sie durch Worte oder Taten entstehen.

→ Eine sanftmütige Denk- und Handlungsweise schließt auch Umwelt und Natur mit ein.

→ *Ahimsa* ist der erste Schritt hin zu einem bewussten Lebenswandel, der Vorbildfunktion hat und das Umfeld beeinflusst.

2. Satya —
WAHRHAFTIGKEIT

Aufrichtig zu sein, ist eine weitere Lebensempfehlung auf dem Weg des Yoga. Wir üben durch konsequente Selbstbeobachtung, nicht nur anderen gegenüber ehrlich zu sein, sondern auch zu uns selbst. Wenn unsere innere aufrichtige Einstellung und unser Handeln in Balance sind, erleben wir unbelastet von Lügen wahre Lebensfreude.

AUFRICHTIG SEIN
UND WAHRHEIT FINDEN

> »Jemand, der in hohem Maße Wahrhaftigkeit in der Verständigung mit anderen Menschen entwickelt, wird im eigenen Handeln ohne Fehler bleiben.«

PATANJALI | Yoga Sutra 2.36

Satya bedeutet Wahrhaftigkeit, wird aber auch mit »Nicht-Lügen« übersetzt und ist eine weitere Tugend im Lebensstil der Yoga-Philosophie. Wie beim ersten Gebot der Gewaltlosigkeit gibt es viele Facetten des Wortes Wahrhaftigkeit. Es kann Aufrichtigkeit uns selbst gegenüber bedeuten, in dem Sinne, dass wir uns nicht selbst belügen oder Ausflüchte finden. Es kann aber auch bedeuten, sich vor anderen nicht zu verstellen oder generell offen die Wahrheit zu sagen.

Innere und äußere Wahrheit harmonisieren

Was ist eigentlich Wahrheit? Gibt es überhaupt eine einzige Wahrheit? Hängt die Wahrheit nicht viel mehr von der Perspektive ab, aus der

eine Aussage getroffen wird? Patanjalis Yoga Sutra und auch andere philosophische Betrachtungen sprechen von einer äußeren und einer inneren Wahrheit. Damit ist gemeint, dass unsere innere Haltung, unser Denken und Fühlen mit unserem Lebenswandel übereinstimmen sollte. Wenn wir wahrhaftig und aufrichtig leben möchten, können wir nicht seelenruhig den Partner mit einem/einer anderen betrügen oder Kollegen und Freunde anlügen, nur weil es bequemer ist und wir uns beispielsweise vor einer Auseinandersetzung scheuen. Dann können wir auch nicht in einem Tiermastbetrieb arbeiten oder in der Rüstungs-industrie oder für Glücksspiele werben oder … Im stillen Kämmerlein auf der Yogamatte Harmonie mit sich und der Schöpfung anzustreben und dann im Alltag etwas völlig anderes zu leben – das kann nicht funktionieren. »Denn ein Leben ohne Wahrheit«, so eine alte indische Weisheit, »ist ein Unterschlupf für Kummer und Sorgen.«
In der Yoga-Philosophie kann nichts Äußeres von Innerem getrennt werden, denn das eigentliche Ziel eines jeden Yogis ist es, in vollkomme-ner Harmonie mit sich und der Schöpfung zu leben, die große kosmische Wahrheit zu erfahren und erleuchtet zu werden. Eine Unstimmigkeit zwischen der inneren Gedankenwelt und dem äußeren Lebensstil wäre ein Hindernis für dieses Ziel. Befindet sich beides jedoch in Balance und Harmonie, sind auch ein glückliches, sorgen-freies Leben und somit tiefe, dauerhafte Lebensfreude möglich.

Die **zweite Stufe** zum Lebensglück

Das Gebot Satya ist die zweite Stufe auf dem Weg zum Lebensglück und diese Stufe baut – wie alle anderen der acht noch folgenden Stufen – auf die vorherige auf. Alle zehn freundlichen Gebote sind miteinander verknüpft und schmiegen sich ineinander wie die Teile eines Puzzles. Schon bei der ersten Stufe ging es darum, uns über unser Denken und Handeln bewusst zu werden. Diese Bewusstheit und die Achtsamkeit, die es im Alltag erfordert, setzt sich nun fort. Dabei wird die Herausforderung komplexer, aber auch spannender, weil wir beginnen, uns selbst immer genauer zu beobachten. Das ist natürlich auch mal anstrengend und unbequem, doch wenn wir uns nicht weiterentwickeln, führt dies früher oder später zu Frustration.

Wenn Sie die erste Stufe des sanftmütigen Lebenswandels bereits erklommen haben und *Ahimsa* in Ihrem Alltag ein wenig etablieren konnten, dann haben Sie schon das Fundament für dieses zweite Gebot gelegt. Denn wer sich bemüht, sich selbst und anderen nicht zu schaden, dem ist es automatisch auch ein Bedürfnis, wahrhaftig zu sein. Unehrlichkeit ist letztlich belastend für uns und unser Umfeld und verursacht Leid. Jedes Gebot hilft uns also dabei, unsere menschliche Natur zu veredeln, und stellt ein nützliches Rüstzeug dar, um uns einige Schritte weiter auf den Weg der Lebensfreude voranzubringen.

Wahrheit und Aufrichtigkeit

Jeder Mensch hat unterschiedliche Sichtweisen, Wahrnehmungen und Bewertungskriterien. Deshalb ist es nicht einfach, »Wahrheit« zu definieren. Denken Sie nur mal an die Wahrnehmung von Farben. Der eine beschreibt das Meer als türkisgrün, der andere, der direkt neben ihm steht, nennt es türkisblau – was ist nun die »Wahrheit«?

Im Alltag sind unterschiedliche Wahrnehmungen und Bewertungen von Zusammenhängen und Situationen wesentlich komplexer – also gibt es immer mehrere Wahrheiten. Sie kennen das sicherlich von Einladungen bei befreundeten Paaren: Ein Partner erzählt eine Anekdote aus dem letzten gemeinsamen Urlaub und schon heißt es vom anderen: »So war das doch gar nicht!« oder: »Im Anschluss hört ihr aber noch meine Version!« Es kann sehr amüsant und unterhaltsam sein, wie unterschiedlich beide von derselben Situation berichten und sich nicht auf die eine Wahrheit einigen können.

Solange es sich um so scherzhafte Darstellungen handelt, um seine Gäste zu unterhalten, sind unterschiedliche Sichtweisen belustigend oder tragen zu einem fruchtbaren Austausch bei. Beim Gebot der Wahrhaftigkeit geht es jedoch um Aufrichtigkeit. Das bedeutet, weder etwas zu sagen, noch auf andere Weise zum Ausdruck zu bringen, von dem man gewiss weiß, dass es nicht der Wahrheit entspricht. Im Berufsalltag, in der Politik, in Werbung und Marketing ist es fast schon selbstverständlich, alle Fakten so hinzudrehen, dass sie möglichst vorteilhaft wirken. Da werden meist keine echten Lügen ausgesprochen, aber es handelt sich eben auch nicht um die Wahrheit.

Zwischen Wahrhaftigkeit und Lügen befindet sich eine riesengroße Grauzone. Wenn Sie ganz ehrlich zu sich selbst sind, sieht es in der zwischenmenschlichen Kommunikation unter Freunden, Familie oder Kollegen mit dem Wahrheitsgehalt mancher Aussagen oftmals nicht wirklich gut aus. *Satya* empfiehlt uns ganz konkret, die vielen Aussagen und Bewertungen, die wir tagtäglich von uns geben, so wahrheitsgemäß wie möglich zu gestalten.

NIE LÜGEN – GEHT DAS?

Überlegen Sie nur mal, wie oft Sie am Tag sogenannte Notlügen gebrauchen. Da heißt es: »Mein Chef ist außer Haus« statt »Mein Chef will momentan nicht mit Ihnen sprechen«. Oder: »Mir ist heute Abend etwas dazwischengekommen« statt: »Liebe Freundin, ich bin einfach zu müde, um mit dir ins Kino zu gehen«. Auch Kindern gegenüber erfinden wir oft Notlügen, weil es bequemer ist, als sich ihren hartnäckigen Warum-Fragen zu stellen. Dabei möchten wir ihnen ja eigentlich beibringen, immer die Wahrheit zu sagen.

Natürlich gibt es einfach gewisse gesellschaftliche Umgangsformen, die gewahrt werden müssen. Das gilt besonders im Berufsleben. So würde sich beispielsweise eine Sekretärin nicht lange halten, die Anrufer so unverblümt abweist, wie im oben genannten Beispiel.

Das zweite Gebot *Satya* regt jedoch an, zwischen notwendiger Höflichkeit beziehungsweise gesellschaftlichen Umgangsformen und dem Gebrauch von Notlügen zu unterscheiden. Denn wir schieben durchaus so manches Mal Höflichkeit vor, wenn wir zu einer Notlüge greifen. In Wahrheit fürchten wir vielleicht nur unangenehme Konsequenzen für uns selbst. Angenommen, Sie haben mit einer Kollegin schon zweimal ausgemacht, nach der Arbeit ein Bier trinken zu gehen und jedes Mal kurz vorher abgesagt. Weil es heute wieder nicht recht passt, Sie sich aber nicht erneut absagen trauen, schwindeln Sie ihr vor, fürchterliche Kopfschmerzen zu haben und deshalb direkt nach Hause gehen zu müssen. Damit geben Sie ihr das Gefühl, dass es nicht an ihr liegt, dass sie schon wieder versetzt wird, und entgehen unangenehmen Nachfragen – ist das nun Höflichkeit oder eine feige Ausrede? Früher oder später müssen Sie ohnehin Farbe bekennen, warum also nicht gleich? Als Erstes bedeutet das, sich selbst gegenüber ehrlich zu sein, nach dem Motto »Diese Kollegin ist mir nicht wichtig genug, um mich privat mit ihr zu treffen«. Dann wäre es nur anständig, auch der Kollegin die Wahrheit zu sagen, der Sie immer aufs Neue Hoffnung machen und diese dann wieder enttäuschen, und die nie weiß, woran sie mit Ihnen ist. Auch auf die Gefahr hin, die Kollegin zu verletzen, was gerade in der Arbeit, wo man täglich miteinander auskommen muss, sehr unangenehm sein kann. Aber ist es nicht viel verletzender, angelogen zu werden, als die Wahrheit zu hören? Sie müssen es ja nicht mit der »Holzhammermethode« machen. Wenn Sie die Wahrheit sanftmütig im Sinne des ersten Gebots vortragen, entlastet das am Ende beide Seiten: Sie fühlen sich von Ihrem latent schlechten Gewissen befreit, und die Kollegin kann ihre frei gewordene Energie auf jemand anderen richten.

LEBENSENERGIE SPAREN DURCH EHRLICHKEIT

»Lügen haben kurze Beine« – dieses Sprichwort halten viele Eltern parat, um ihre Sprösslinge zu Ehrlichkeit zu trimmen. Der Satz verdeutlicht, dass handfeste Lügen (aber auch Notlügen oder feige Ausreden) meist auf den Sender zurückfallen. Die Wahrheit kommt ohnehin früher oder später ans Licht und somit brauchen wir uns eigentlich nicht erst das Leben damit schwer zu machen, das Lügengebäude aufrechtzuerhalten. Haben wir nämlich erst einmal mit dem Lügen begonnen, muss oftmals eine Lüge auf die andere folgen, damit wir nicht »enttarnt« werden. Solche Konstrukte lange und authentisch aufrechtzuerhalten, kann fürchterlich anstrengend sein. Die Wahrheit langfristig zu manipulieren ist sehr aufwendig. Wenn Sie beispielsweise einem Freund sagen »Letzten Samstag war ich zu Hause«, obwohl Sie in Wirklichkeit mit zwei Freundinnen im Kino waren und keine Lust hatten ihn zu fragen, ob er auch mitkommen möchte, kann es kompliziert werden. Denn dann müssen Sie unter Umständen Ihre Freundinnen dazu anstiften, nichts über das Treffen zu sagen. Eventuell wurden Sie noch von anderen Freunden gesehen, die dann auch noch gebrieft werden müssen. So wird eine kleine Lüge zu einem aufwendigen Spektakel. Einfacher wäre es zu sagen: »Ich war mit XY im Kino, weil ich an dem Tag mal was anderes machen wollte. Nächsten Samstag gehen wir zusammen aus, okay?«

Wenn uns ein schlechtes Gewissen plagt, weil wir jemanden belogen haben, wenn wir versuchen, lügenhafte Konstrukte aufrechtzuerhalten, damit wir nicht entlarvt werden, verschlingt das Lebensenergie. Deshalb möchte Sie *Satya* motivieren, in Wahrhaftigkeit zu leben.

»Der Yoga-Weg wird jene Kräfte in uns verringern, die Leid verursachen und so zu einer klaren Wahrnehmung führen.«

PATANJALI | Yoga Sutra 2.2

GUTES GEFÜHL STATT SCHLECHTES GEWISSEN

Denken Sie auch daran, dass der innere Zwiespalt, in dem wir uns befinden, wenn wir lügen, für andere Menschen spürbar sein kann. Sicher können Sie sich auch an das eine oder andere Gespräch erinnern, bei dem Sie das deutliche Gefühl hatten, dass irgendetwas an dem, was Ihr Gesprächspartner von sich gab, unehrlich wirkte. Vielleicht erinnern Sie sich aber auch an eine Begebenheit, bei der Sie fühlen konnten, dass Ihr Gesprächspartner Ihnen Ihre Geschichte nicht wirklich abnahm, und nur zu höflich war, um Sie zu blamieren?

Satya empfiehlt, aufrichtig zu denken, zu handeln und zu sprechen – erst dann stellt sich ein stimmiges inneres Gefühl ein und wir sind authentisch. Nehmen Sie sich außerdem vor, nie wieder Ja zu etwas zu sagen, wenn Sie Nein meinen, denn bei *Satya* geht es auch um Ehrlichkeit sich selbst gegenüber. Wenn Sie sich darüber bewusst sind, was Sie wollen und was nicht, besteht weniger die Gefahr, dass Sie sich später mithilfe von Notlügen aus der unangenehmen Situation winden müssen. Falls Sie am Tag Notlügen gebraucht haben, gestehen Sie es zunächst vor sich selbst ein. Mit der folgenden Übung können Sie lernen, sich selbst zu verzeihen und sich gleichzeitig zu motivieren, es am nächsten Tag besser zu machen. Wiederholen Sie die Übung möglichst jeden Abend und Sie werden feststellen, dass sich allmählich Ihr Bewusstsein verändert und vollkommene Aufrichtigkeit sich selbst und anderen gegenüber selbstverständlich wird.

AUF DIE FORMULIERUNG KOMMT ES AN

Viele fürchten sich davor, die Wahrheit zu sagen, weil sie Sorge haben, dass der andere verärgert oder wütend auf sie sein könnte. Es kommt jedoch ganz auf die Formulierung an, in die Sie die Wahrheit einbetten. Wer dem Gesprächspartner die Wahrheit in aggressivem Ton und vielleicht auch noch mit einer verallgemeinernden Anklage präsentiert (»Du kommst immer zu spät und deshalb sind alle Kollegen sauer auf dich!«), wird ihn zweifelsohne verletzen. Je nach Charaktereigenschaft »schießt«

Übung

Übung 4: Um Verzeihung bitten

- Setzen Sie sich aufrecht hin und schließen Sie die Augen.
- Spüren Sie Ihren Herzschlag und verankern Sie Ihre Aufmerksamkeit im Brustraum.
- Lassen Sie den Tag Revue passieren und prüfen Sie, ob es eine Situation gab, in der Sie zu sich selbst nicht aufrichtig waren.
- Überlegen Sie, ob und wie Sie diese Situation besser im Sinne des Gebotes der Wahrhaftigkeit hätten gestalten können
- Verzeihen Sie sich selbst und nehmen Sie sich vor, ehrlicher mit sich selbst umzugehen.
- Überlegen Sie als Nächstes, ob es eine Situation gab, in der Sie zu einer anderen Person nicht aufrichtig waren.
- Stellen Sie sich vor, wie Sie anders hätten sprechen oder handeln können.
- Bitten Sie sich selbst und den anderen meditativ um Verzeihung.
- Als dritten Teil der Übung überlegen Sie, ob es eine Situation in der Vergangenheit gab, in der Sie einen anderen belogen haben.
- Bitten Sie sich und diesen Menschen meditativ um Verzeihung.
- Abschließend bedanken Sie sich für die Möglichkeit, Unehrlichkeit in Wahrhaftigkeit verwandeln zu dürfen – bei Gott, beim Kosmos –, was immer Ihnen stimmig erscheint.

  Wahrscheinlich wird anfangs besonders der dritte Teil, der sich immer auf ein anderes Ereignis in Ihrer Vergangenheit beziehen kann, alte Emotionen aufwühlen. Doch **Satya** empfiehlt, sich bewusst von Unwahrheiten aus der Vergangenheit zu lösen, um im Jetzt unbelastet und in Lebensfreude zu leben. Nach einiger Praxis, wenn sich die Grundhaltung der Wahrhaftigkeit in Ihnen manifestiert hat, kann der Rückblick auf den Tag durchaus kurz und kompakt erfolgen. Das Ritual entbindet Sie natürlich nicht von Ihrem Bemühen, tagsüber nach dem zweiten Gebot zu leben.

der andere sofort verbal zurück und schon ist der schönste Streit im Gange, oder er ist beleidigt, schottet sich ab und es herrscht Eiszeit im Büro. Wer jedoch seine Worte mit Bedacht formuliert, wird sich und andere nicht in Schwierigkeiten bringen. Im Gegenteil: Er wird stattdessen als angenehm und vertrauenswürdig empfunden werden. Nehmen wir als Beispiel nochmals den Anrufer, der den Chef sprechen möchte. »Darf mein Chef Sie zurückrufen?« ist eine Formulierung, die Sie weder in die Situation bringt für Ihren Chef zu lügen, noch den Anrufer mit der Wahrheit verletzt, dass er gerade unerwünscht ist.

Das Gleiche gilt auch beim Eingestehen von Fehlern. Wenn Sie ehrlich zugeben, einen Fehler gemacht zu haben, wird Ihnen fast jeder Mensch verzeihen. Ganz anders sieht es aus, wenn herauskommt, dass Sie gelogen haben, um einen Fehler zu vertuschen. Wenn der andere auch noch erkennt, dass es sich um ein ganzes Lügengespinst handelt, das Sie über längere Zeit aufrechterhalten haben, könnten Sie gänzlich sein Vertrauen und seine Zuneigung verlieren.

Weisheitsgeschichte

Als der indische Gott Krishna noch klein war, liebte er es, frisch gemolkene Milch zu trinken. Kaum hatte die Magd die Kuh gemolken und die Milch in einer Schale in die Küche gestellt, schlich er sich hinein und trank die ganze Milchschale leer. Er beeilte sich noch nicht einmal dabei, weil er sich sicher war, als junger Gott ohnehin nicht erwischt zu werden.

Als seine Mutter später die leere Schale auf dem Küchentisch entdeckte, wurden alle Angestellten und Kinder des Hauses zur Rede gestellt, aber niemand gestand, die Milch getrunken zu haben. Auch Krishna verneinte, der Milchdieb zu sein. Weil die frische Milch nun schon seit geraumer Zeit immer wieder verschwand, legte sich die Mutter am nächsten Tag auf die Lauer, um herauszufinden, wer der Milchdieb sei. Und tatsächlich kam Krishna erneut angeschlichen, da er der

Versuchung einfach nicht widerstehen konnte. Er trank die große Milchschale leer und war natürlich sehr erschrocken, als seine Mutter hinter ihm auftauchte und ihn zur Rede stellte. Er gab zu, regelmäßig die Milch weggetrunken zu haben, und bat um Verzeihung.

Die Mutter ermahnte ihn, dass gerade er, als junger Gott und Vorbild, tugendhaft sein müsse. Krishna machte seiner Mutter klar, dass er frischer Milch einfach nicht widerstehen könne, aber dass er auch nie wieder seine Mutter anlügen wolle. So bot die liebevolle Mutter Krishna an, ihm jeden Tag eine Tasse frisch gemolkene Milch zu geben, und beide waren glücklich und zufrieden.

So **vermehrt** *Satya* Ihre **Lebensfreude**

Aufrichtigkeit in Sprache, Gesten und Handlungen beginnt mit Bewusstheit. Machen Sie sich die Wechselwirkung zwischen Unaufrichtigkeit im Handeln und dem unguten Gefühl in Ihrem Inneren bewusst. Wenn Sie aufrichtig sind, werden Sie mehr Lebensfreude empfinden, denn ein aufrichtiger Lebenswandel stärkt Ihr Selbstbewusstsein und die Achtsamkeit sich selbst gegenüber. Sie werden sich nicht mehr selbst belügen oder etwas vormachen und sich zum Beispiel einreden, dass es Ihnen an Ihrem Arbeitsplatz gut geht, obwohl Sie tief in Ihrem Innersten genau wissen, dass das nicht stimmt. Sie werden auch selbst weniger ein Opfer von Intrigen und Unwahrheiten sein, sobald Sie zu anderen aufrichtig und ehrlich sind.

BEREIT SEIN FÜR NEUES

Der Lebensstil des Yoga ermuntert immer, alte Muster und Gedankenprogramme abzulegen und mit neuen Erfahrungen und Wissen aufzufüllen. Patanjali bezeichnet diesen Wandel als »Mehrung des inneren Reichtums«. Allerdings kann nichts Neues einfließen, wenn Altes den dafür nötigen Raum blockiert. Stellen Sie sich einen Glaskrug vor, der mit trübem, schlammigem Wasser gefüllt ist. Dieses alte Wasser soll nun durch frisches, klares Wasser ersetzt werden. Selbstverständlich würden Sie das trübe Wasser zuerst ausgießen, bevor Sie frisches

Übung

Übung 5: Das Gefäß leeren

- Setzen Sie sich aufrecht auf einen Stuhl oder in eine Meditationshaltung auf den Boden. Schließen Sie die Augen, atmen Sie einige Male tief ein und aus, um Ihren Körper bewusst zu spüren und um Ihre Gedanken zur Ruhe kommen zu lassen.
- Stellen Sie sich Ihren Körper nun als Glasgefäß vor, das von den Füßen bis zum Scheitel randvoll mit trüber Flüssigkeit gefüllt ist.
- Lassen Sie dieses Bild ein paar Atemzüge lang zu, bevor Sie sich vorstellen, dass der Boden des Gefäßes (im Fußbereich oder in Beckenhöhe) eine Öffnung hat, durch die Sie diese trübe Flüssigkeit abfließen lassen können.
- Mit jeder Ausatmung lassen Sie die trübe Flüssigkeit in die Erde absickern.
- Stellen Sie sich vor, wie die Erde die Flüssigkeit aufnimmt und sie später in neue Energie verwandelt.
- Mit jeder Ausatmung sinkt der Wasserspiegel im Gefäß (beginnend am Kopf) Zentimeter für Zentimeter nach unten, und Ihr Körper wird langsam leerer.
- Wenn der letzte Tropfen des flüssigen Schlamms in der Erde versickert ist, spüren Sie die Leichtigkeit von Leere in Ihrem Körper für einige Atemzüge.
- Konzentrieren Sie sich anschließend auf Ihre Einatmung und stellen Sie sich vor, wie vom Himmel kommend über Ihren Scheitel helles klares Wasser (oder helles freundliches Licht) in Ihren Körper fließt.
- Atmen Sie so lange konzentriert ein, bis Ihr Glasgefäß mit frischer Energie beziehungsweise kristallklarem Wasser gefüllt ist.
- Schicken Sie zum Abschluss der Übung einen Dank an Erde und Himmel für die gelungene Reinigung und Auffrischung.

Sie werden die ersten Male bei dieser Übung wahrscheinlich recht intensiv empfinden. Mit der Zeit wird das trübe Wasser weniger zähflüssig, aber dennoch sammelt sich erstaunlicherweise jeden Tag wieder etwas an.

Wasser einfüllen. Genauso verhält es sich auch mit der Veredelung der menschlichen Wesenszüge und Verhaltensweisen. Die zehn Gebote der Lebensfreude möchten Sie motivieren, Ihren getrübten Geist zu reinigen und mit frischer, reiner Energie zu füllen, die sich in reflektiertem Denken und Handeln ausdrückt.

Bei der Übung links stellen Sie sich vor, das Gefäß aus dem oben genannten Beispiel zu sein und Ihr Inneres zu reinigen. Wiederholen Sie das Ritual möglichst regelmäßig, um Altlasten zu lösen. Sie werden spüren, wie Sie sich hinterher klarer und sortierter fühlen. Wir reinigen schließlich auch unseren Körper jeden Tag mehrmals vom Staub der Außenwelt, warum sollten wir also nicht genauso sorgfältig das Innere reinigen? Wenn wir uns regelmäßig von den energetischen Eintrübungen lösen und uns erfrischen, spüren wir nicht nur große Erleichterung, sondern manifestieren Kraft und Wahrhaftigkeit in unserem Leben.

Auf einen Blick

Das zweite Gebot zusammengefasst

→ Wahrhaftigkeit ist im Sinne von Ehrlichkeit anderen und sich selbst gegenüber gemeint.

→ Durch konsequente Selbstbeobachtung gelingt es uns, bewusste Lügen einerseits, aber auch Notlügen andererseits zu vermeiden.

→ Das zweite Gebot der Wahrhaftigkeit ist mit dem ersten Gebot der Gewaltlosigkeit beziehungsweise Schadensvermeidung eng verknüpft.

→ Lügen verletzen unsere Mitmenschen, doch es gilt auch Wahrheiten so auszusprechen, dass sie nicht verletzend wirken.

→ Unsere innere aufrichtige Einstellung sollte mit unseren Handlungen übereinstimmen.

→ Wenn wir uns von Unwahrheiten aus der Vergangenheit bewusst lösen, gelingt es uns, im Jetzt unbelastet und in Freude zu leben.

3. Asteya —

BEGIERDELOSIGKEIT

Das dritte Gebot umfasst den bewussten Umgang mit unserem Verlangen. Wir üben uns darin, unser Haben-Wollen, insbesondere von Dingen, die uns nicht gehören, zu erkennen. Wir überdenken unser persönliches Wertesystem und konzentrieren uns auf inneren Reichtum. So gelingt es uns, eine heilsame Balance zu finden.

NICHTS BEGEHREN
UND VERTRAUEN GEWINNEN

»Wenn ein Mensch nichts begehrt,
das in Besitz von anderen ist,
werden andere Menschen alles mit ihm teilen wollen,
wie kostbar es auch sein mag.«

PATANJALI | Yoga Sutra 2.37

Das dritte freundliche Gebot befasst sich mit dem Themenkomplex des »Verlangens«. *Steya* bedeutet das brennende Verlangen, etwas zu besitzen – egal ob es sich dabei um das neueste Modell eines iPods, um einen neuen Pullover oder größere Anschaffungen handelt. *Asteya* ist die Abwesenheit von Verlangen und möchte ermuntern, Begehren nach Besitz zu minimieren oder sogar gänzlich aufzugeben und auf diese Weise inneren, ideellen Reichtum zu entdecken. Wenn wir *Asteya* achten und umsetzen, können wir viel zufriedener und freier leben, denn wir müssen uns nicht ständig sorgen, unseren Besitz wieder zu verlieren oder uns darum kümmern, noch mehr zu erlangen.

Sich nicht an materiellen Besitz zu klammern, sondern von allem Verlangen losgelöst, quasi »stofflos« zu leben, war, schon als diese Gebote entstanden sind, das Ziel der Yogis und ist es auch heute noch. In dieser radikalen Konsequenz ist das natürlich heutzutage nur schwer umzusetzen und meiner Ansicht nach auch gar nicht nötig. Es geht vielmehr darum, dass wir unterscheiden, was für einen angemessenen Lebensstandard essenziell und was übertrieben oder maßlos ist. Lassen Sie sich einfach von *Asteya* motivieren, zwischen sinnlosem Begehren und lebensnotwendigen Bedürfnissen zu unterscheiden – das ist eine tägliche Herausforderung, die jedoch durchaus machbar ist.

Das eigene **Begehren** erkennen

Machen Sie sich bewusst, dass Sie in einer westlichen Wohlstandsgesellschaft aufgewachsen sind, in der es ein Überangebot an Nahrungsmitteln und von allen Seiten beworbenen Produkten und Waren gibt. Im Überfluss des Angebots haben die meisten Menschen verlernt, zwischen notwendigen und entbehrlichen Dingen zu differenzieren. Schulen Sie Ihre Fähigkeit, zu unterscheiden und achtsam abzuwägen, denn dies stellt bereits eine Bewusstseinserweiterung dar, die Sie sanft in die richtige Richtung führt.

BEGIERDE VERURSACHT LEID

Patanjali lehrte, dass Begierde zu Gefühlen wie Verlustangst, Misstrauen und Neid führt, was durchaus am aktuellen Konsumverhalten nachvollziehbar ist. Ein Patient erzählte einmal in einer Beratung, dass es ihn verrückt mache, wenn sein bester Freund immer mit den neuesten Handymodellen daherkäme. Er fühle sich dann zurückgesetzt und gerate in einen regelrechten Konkurrenzkampf um die aktuellste Technik. Ständig versuche er mitzuhalten und kürzlich habe er sein Konto wegen der neuesten technischen Gadgets so überzogen, dass er zum Einhalten gezwungen wurde. Ich riet ihm, sich selbst zu beobachten. Sobald er Neid auf das, was andere haben, verspüre, solle er sich bewusst machen, was er alles besitzt und sich aufschreiben, was ihm wirklich wichtig ist (Familie, Gesundheit, gutes Essen mit Freunden …). Mit der Zeit erkannte der Patient, wie viel Stress ihm dieser selbst auferlegte Konkurrenzkampf verursachte. Unter anderem auch deshalb, weil er ständig Angst hatte, sein neuestes teures Handy zu verlieren. Und dann passierte es sogar: Auf einer Geschäftsreise ließ er es am Flughafen liegen und fand es nicht wieder. Interessanterweise fühlte sich der Patient danach freier und gelassener, weil er nicht ständig erreichbar war – ganz ungewohnte, schöne Gefühle für ihn.

Natürlich müssen wir in der modernen Arbeitswelt Kompromisse eingehen, da es geschäftlicher Standard ist, auch unterwegs erreichbar zu sein, aber dazu sind nicht immer die neuesten, technischen Modelle nötig. Der bewusste Umgang mit Besitztümern aller Art ist das, was das dritte freundliche Gebot uns lehren möchte.

BEGIERDE TREIBT AN

Wenn wir uns hauptsächlich darauf konzentrieren, unseren Besitz zu vermehren, bewegen wir uns automatisch im Hamsterrad, weil wir gar nicht dazu kommen, das, was wir bereits erreicht haben, zu genießen. Wir treiben uns ständig weiter an, können uns mit dem Erreichten nicht zufriedengeben und fürchten gleichzeitig, es zu verlieren. Lebensfreude kommt auf diese Weise auf Dauer zu kurz, auch wenn wir eine Weile brauchen, bis uns dies bewusst wird.

Das dritte Gebot *Asteya* möchte uns deshalb motivieren, uns mehr um unsere innere Entwicklung, als um unseren Besitzstand zu kümmern. Das Ziel von Meditation und achtsamer Besinnung oder Kontemplation ist es, sich von der äußeren Welt zu lösen, um sich von inneren Werten und spirituellem Wissen inspirieren zu lassen. Wenn wir dauerhaft im Zustand des Begehrens leben, bleibt kein Raum für Achtsamkeit, Reflexion und Spiritualität. Es ist wie beim Hungrigsein: Wenn der Magen knurrt, können wir uns kaum auf etwas anderes konzentrieren. Dasselbe passiert beim Begehren: Wenn wir dauernd damit beschäftigt sind, welche Anschaffungen wir demnächst tätigen möchten, egal ob es sich um einen Pullover, ein Auto oder Haus handelt, wird es uns kaum gelingen, in uns zu gehen und uns auf das Wesentliche zu besinnen.

Es gibt in unserer modernen westlichen Welt so viele Produkte, die ständig erneuert und modernisiert werden so viele Anreize, immer das Neueste zu kaufen, dass dem Begehren kaum Grenzen gesetzt sind.

»Das Verlangen, angenehme Erfahrungen der Vergangenheit immer und immer wieder zu wiederholen, prägt Muster und kann Leid zur Folge haben.«

PATANJALI | Yoga Sutra 2.15

BEGIERDE LENKT VOM WESENTLICHEN AB

Asteya möchte uns daran erinnern, immer mal wieder innezuhalten und uns zu fragen, was wir wirklich zum Leben brauchen. Genau genommen ist das – wie schon vor 2500 Jahren – lediglich ein Dach über dem Kopf, warme Kleidung (je nach Klimazone) und ausreichend Nahrung und Wasser. Das Minimum, das wir zum Überleben brauchen, klingt natürlich sehr bescheiden für unser Empfinden. Das dritte Gebot möchte uns einfach dazu ermuntern, dass wir uns beispielsweise vor dem Kauf des nächsten Paars Stiefel bewusst machen, dass bereits drei Paar zu Hause auf uns warten. Dies gilt für alle Einkäufe, denn wenn Sie ehrlich zu sich selbst sind: Eigentlich ist alles zu Hause im Überfluss vorhanden und es ist lediglich die Lust an Konsum, die Sie verführt, immer wieder ein modisches Accessoire zu kaufen. Begierde ist eine unbewusste Verhaltensweise. Bewusstheit ist Freiheit, denn es ist schön zu sagen: »Nein danke, das brauche ich nicht.«

Wenn es uns gelingt, wirklich in uns hineinzuhorchen, wird uns wahrscheinlich ohnehin bewusst, dass wir mit unserem Begehren nach Besitz, aber auch nach damit verknüpften Werten wie Anerkennung und Erfolg, nur eine innere Leere in uns füllen und Gefühlen wie Einsamkeit, Unsicherheit, Haltlosigkeit entkommen wollen. Wenn wir uns nicht mehr vom Begehren ablenken lassen, finden wir – so lehrt es die Yoga-Philosophie – Vertrauen in ein höheres Sein. Wir finden zu innerem Reichtum und können das Leben ganz anders genießen.

Zum Glück stellen heute immer mehr Menschen fest, dass ein rein materieller Lebensstil, wie er in den westlichen Industrieländern selbstverständlich ist, nicht glücklich macht. Sie suchen auf persönlicher Ebene wieder Werte wie Achtsamkeit und Respekt. In all dem maßlosen Konsum achten sie darauf maßzuhalten.

Das bedeutet nicht, sich zu kasteien oder allem zu entsagen, denn schließlich gehört es ja auch zur Lebensfreude, einen gewissen Lebensstandard zu genießen und darauf vertrauen zu können, dass man gut versorgt ist. Wer jedoch immer mehr haben und erreichen will, wird immer hungrig sein und keine Zufriedenheit finden. Er befindet sich gedanklich meist in der Zukunft (»Wenn ich erst einmal…, dann kann ich endlich…«) statt im Hier und Jetzt. Entsprechend wird er sich schwertun, innere Klarheit und Ruhe zu finden, und achtsam im Augenblick zu verweilen.

BEGIERDE UND GRENZÜBERSCHREITUNG

Ein weiterer Aspekt des Verlangens ist das Begehren von Dingen, die unerreichbar sind, und die Bereitschaft, dafür Regeln und Grenzen zu missachten. Bei *Asteya* geht es also auch konkret um den Aspekt des »Nicht-Stehlens«. Wer einen Diebstahl begeht, ist weder wahrhaftig im Sinne des zweiten Gebots noch gewaltfrei im Sinne des ersten. Das vielschichtige Lebenskonzept des Yoga empfiehlt auch aus diesen beiden

Gründen nicht zu stehlen. Vielleicht denken Sie jetzt »Ich stehle doch nicht«, beziehungsweise »Ich habe noch nie etwas gestohlen!« Doch wie schon bei den ersten Geboten umfasst auch *Asteya* etwas mehr. Viele Menschen denken zum Beispiel, dass es doch nicht schlimm ist, wenn sie die Kassiererin im Supermarkt nicht darauf aufmerksam machen, dass sie sich verrechnet hat – nach dem Motto »Bei so einem großen Laden tut das doch keinem weh!« Sie haben auch kein schlechtes Gewissen, wenn sie ab und zu einen Stift oder ein Klebeband aus dem Büro mit nach Hause nehmen und sich auf diese Weise Geld sparen. Oder wenn sie die Mittagspause regelmäßig um ein paar Minuten überziehen, weil die anderen das ja auch machen.

Und wie sieht es mit geistigem Eigentum aus? Wer die Idee eines Kollegen als die eigene ausgibt oder im Internet von anderen abschreibt und es nur noch ein wenig umformuliert, begeht geistigen Diebstahl.

Als Dieb gilt im Sinne von *Asteya* auch, wer einem Mitmenschen die Würde nimmt, ihn missachtet und verächtlich über ihn urteilt. Dahinter steckt das Verlangen, sich selbst aufzuwerten und über den anderen zu stellen, um Macht zu demonstrieren oder sich für (vermeintliche) Ungerechtigkeiten im Leben zu rächen. In den meisten Fällen ist den Menschen weder bewusst, wie sehr sie von Verlangen getrieben sind, noch welche Gründe dahinterstecken. Umso wichtiger ist es, unser Bewusstsein durch Achtsamkeit und Übung weiterzuentwickeln. Nehmen Sie sich für die Visualisierungsübung auf der nächsten Seite 5 bis 10 Minuten Zeit. Am besten wiederholen Sie sie ein paar Wochen regelmäßig, um das Loslassen zu verinnerlichen.

In **Freiheit** leben können

Eigentlich wünschen wir uns alle ein freieres, unbelastetes Leben in tiefer Zufriedenheit, dennoch beäugen wir kritisch die Kollegin in der schicken neuen Bluse, sind unzufrieden, wenn wir uns mit den Schönen und Reichen im Fernsehen vergleichen, und werden richtig neidisch,

Übung

Übung 6: Materie auflösen

- Setzen Sie sich aufrecht auf einen Stuhl oder in einer Meditationshaltung auf den Boden.
- Spüren Sie, wie gleichmäßige Atemzüge Ihren Körper beleben.
- Stellen Sie sich vor, dass die Atmung reine feinstoffliche Energie ist, die Ihren grobstofflichen Körper belebt.
- Betrachten Sie nun in Ruhe und Gelassenheit alle Gegenstände und Möbel im Raum.
- Lassen Sie Ihre Gedanken zu den Gegenständen ziehen, ohne sie weiterzu-denken. Nehmen Sie einfach nur die Dinge um sich herum wahr.
- Nach einiger Zeit schließen Sie Ihre Augen.
- Visualisieren Sie vor Ihrem inneren Auge den Raum und die Gegenstände, die Sie umgeben.
- Atmen Sie tief ein und aus und stellen Sie sich vor, wie alle materiellen Dinge um Sie herum transparent werden und sich nach und nach auflösen.
- Stellen Sie sich vor, wie der gesamte Raum, der Sie umgibt, leerer und leerer wird.
- Atmen Sie bewusst und lösen Sie sich von allen Bindungen zu den Gegen-ständen.
- Spüren Sie eine Zeit lang, wie leicht und pur sich Ihr Leben nun anfühlt.
- Verweilen Sie in diesem Zustand der Klarheit, so lange es Ihnen guttut.

Diese Visualisierungsübung können Sie noch erweitern, indem Sie sich vorstellen, wie der eigene Körper sich auflöst. Dabei spüren Sie sich weiter als atmendes, lebendes Wesen, doch Sie fühlen sich nicht an eine grob-stoffliche Hülle gebunden, sondern bestehen nur noch aus purer feinstoff-licher Energie.

wenn der Nachbar sein auf Hochglanz poliertes, neues Auto vor der Tür parkt. Stellen Sie sich vor, Sie müssten nicht mehr neidisch auf das neue Auto des Nachbarn sein – wie viel freier würden Sie sich fühlen! Das brennende Verlangen, so zu sein wie andere oder zumindest so ausgestattet zu sein wie andere, ist eine typisch menschliche Eigenschaft. Ein eleganter Jaguar (das Tier, nicht das Auto) wird niemals Neid auf das glänzende Fell seines Artgenossen empfinden. Nur wir Menschen binden uns an Besitz und machen uns damit förmlich zu Sklaven unseres Verlangens. Das dritte Gebot *Asteya* möchte Sie motivieren, Ihr Selbstwertgefühl künftig neu zu definieren, frei von Begehren und Neid. Benötigen Sie einen Jaguar (diesmal das Auto) oder ähnlichen Besitz, um stolz und zufrieden mit sich und mit Ihrem Leben zu sein? Vielleicht entscheiden Sie sich künftig für innere Werte und spirituelle Tiefe – das ist es, wozu die zehn Gebote der Lebensfreude Sie ermutigen möchten.

Weisheitsgeschichte

Ein Yogi lebte seit Jahren in einer kleinen Hütte im Wald. Der Yogi liebte die Einsamkeit, denn hier konnte er in Ruhe meditieren und seinen Weg der Erleuchtung praktizieren. Weder Zivilisation noch Besitz sollten ihn von diesem Weg ablenken. Die Hütte war nur mit einem Schlafplatz, einer Feuerstätte und zwei Kochtöpfen ausgestattet, in denen der Yogi Wasser und Essen erhitzte. Eines Tages kam er von seinem Meditationsort am Fluss zurück und stellte fest, dass einer seiner beiden Töpfe gestohlen worden war. Ohne zu zögern nahm der Yogi den zweiten Topf und machte sich auf, den Dieb zu verfolgen. Als er ihn schließlich eingeholt hatte, überreichte er dem Dieb auch den zweiten Topf mit den Worten, dass dieser den Topf wohl nötiger bräuchte als er selbst, weil er ja den ersten sicher nicht ohne Not gestohlen hätte. Während der Dieb beschämt mit zwei Töpfen weiterzog, kehrte der Yogi zu seiner Hütte zurück. Fortan trank er sein Wasser aus dem Fluss und lebte von Früchten und rohem Gemüse.

BEWUSSTER KONSUMIEREN

Die enge Verknüpfung zwischen den ersten zwei Geboten und *Asteya* wird prägnanter im globalen Kontext. Die Yoga-Lebensregeln fordern uns immer wieder dazu auf, bevor wir handeln zu bedenken, welche Wirkung unser Tun auf unsere Mitmenschen und das Umfeld hat. Somit rückt unter der Thematik des »Nicht-Stehlens« erneut die Ausbeutung anderer ins Blickfeld. Es liegt vielleicht nicht direkt in unserer persönlichen Verantwortung, dass andere Länder für ihre wertvollen Rohstoffe nicht angemessen bezahlt werden und dass bei der Förderung dieser Rohstoffe auch noch ihre Umwelt verschmutzt oder zerstört wird. Dennoch sind wir für den Raubbau an den Ressourcen der Erde mitverantwortlich. Um unseren hohen Energieverbrauch zu halten, müssen Unmengen an Öl gefördert werden, um unseren Fleischkonsum befriedigen zu können, werden unter anderem Regenwälder abgeholzt und für Computer- und Handytechnologie werden wertvolle Metalle verbraucht,– um nur ein paar Beispiele zu nennen.

Noch ist die Gemeinschaft der Welt nicht fähig, alle irdischen Ressourcen und materiellen Werte wirklich gerecht zu verteilen, jedoch können wir alle etwas dazu beitragen, fremde Länder und Menschen nicht zu bestehlen. Machen Sie sich immer wieder bewusst, dass Sie vorerst nur Ihr eigenes Denken und Handeln veredeln können, bis sich eine solche Haltung auch im Umfeld manifestieren kann. Wenn es Ihnen gelingt, bewusster in Ihrem persönlichen Konsumverhalten zu werden, ist das schon ein bedeutender Anfang.

So **vermehrt** *Asteya* Ihre **Lebensfreude**

Das einzige Verlangen, das ein Yogi kennt, richtet sich darauf, sich geistig und seelisch zu vervollkommnen, um schließlich in einen höheren, transzendenten Bewusstseinszustand zu gelangen, indem er eins ist mit sich und der Welt (siehe achtfacher Pfad, Seite 16). Diesen Zustand hat Patanjali als die höchste, vollkommene und göttliche Lebensfreude

> **»Menschen, die ihren Geist**
> **durch stetige Reflexion und Meditation**
> **in zunehmende Klarheit bringen,**
> **werden bei anderen Menschen weder Angst**
> **noch andere Probleme verursachen.«**

PATANJALI | Yoga Sutra 4.6

beschrieben. Eigentlich sehnt sich heutzutage jeder nach mehr Lebensfreude. Dennoch ist das kein allgemein verbreitetes Lebensziel, weil die meisten Menschen Lebensfreude mit materiellem Besitz gleichsetzen. Die zehn Gebote möchten Sie jedoch dazu ermuntern, eine innere und äußere Balance in Ihrem Leben zu finden, also ein Gleichgewicht zwischen irdischer Existenz und spirituellem Streben. Es liegt in Ihrem eigenen Ermessen, welche Prioritäten Sie in Ihrem Leben setzen, somit liegt es auch in Ihrer Hand, glücklicher zu werden und mehr Lebensfreude zu empfinden. Gefühle wie Neid, Unsicherheit, Verlustangst, Sorge, Zweifel, Überforderung oder Misstrauen tauchen früher oder später in irgendeiner Form immer im Zusammenhang mit Besitz oder Konsum auf. Je mehr Sie sich auf sich selbst besinnen, umso besser sind Sie in der Lage, Ihre Gefühle, Ihre Motive und Handlungen zu hinterfragen, und umso weniger werden Sie automatisch vom Verlangen getrieben. Sie werden immer mehr gegensteuern können, und selbst wenn Ihnen das zunächst nur ab und zu oder in einem Teilbereich Ihres Lebens gelingt, ist jeder noch so kleine Schritt auf Ihrem Weg entscheidend.

Übung

Übung 7: Dankbar sein

- Formulieren Sie Ihre Sätze der Dankbarkeit zunächst allgemein, wie »Ich danke dafür, lebendig zu sein« oder »Ich bin dankbar für meine Vitalität und Lebenskraft« oder »Ich danke für alles, was ich bin und habe.«
- Wiederholen Sie jeden Ihrer Sätze, die Ihr individuelles Mantra bilden, drei Mal hintereinander aus ganzem Herzen.
- Danken Sie danach auch für alle konkreten Alltagssituationen, die sich Ihren Wünschen entsprechend entwickelt haben.
- Danken Sie auch, wenn Sie einen weiteren Zusammenhang des Daseins begriffen haben oder einen Gedankenblitz in Form einer Idee hatten.

Sie können zusätzlich zur täglichen Übung auch ein kleines Dankbarkeitstagebuch anlegen, um sich von Zeit zu Zeit bewusst zu machen, was für ein wertvolles Geschenk Ihr Leben ist.

TEILEN SCHENKT LEBENSFREUDE

Die zehn Gebote sind wundervolle Geschenke der Achtsamkeit und Bewusstheit – für Sie persönlich und für die gesamte Welt. Es gibt inzwischen zahlreiche Organisationen und Vereinigungen, die sich unter sozialen Aspekten bemühen, die Welt schöner und gerechter zu machen. Vielleicht finden Sie die Zeit, sich bei einer solchen Organisation zu engagieren oder sie anderweitig zu unterstützen? Oder Sie gehen ab und an Ihre Regale durch und überlegen sich bei jedem Stück, wer sich vielleicht darüber freuen könnte. Vielleicht verschenken Sie auch Ideen oder Fähigkeiten an andere Menschen? Es gibt bestimmt etwas, das Sie ab und zu umsonst für andere einsetzen können. Vielleicht teilen Sie auch Ihre durch dieses Buch neu gewonnenen Einsichten mit Freunden und Mitmenschen? So helfen Sie dabei, ein neues Bewusstsein zu verbreiten.

DANKBARKEIT KULTIVIEREN

Ein gutes Mittel, um das Haben-wollen loszulassen, ist Dankbarkeit in Ihrem Leben zu kultivieren. Machen Sie es sich zur Gewohnheit, mithilfe der Übung auf Seite 64 morgens beim Aufwachen und/oder abends vor dem Einschlafen Ihre Dankbarkeit auszudrücken für das, was Sie haben und in Ihrem Leben gut läuft. Sie können das natürlich auch zwischendurch im Alltag tun.

Es gibt unendlich viele Gelegenheiten dankbar zu sein. Normalerweise richten wir unseren Blick eher auf das, was wir nicht haben, und konzentrieren uns auf das Wünschen und Erbitten. Wenn es uns jedoch gelingt, von ganzem Herzen dankbar zu sein, können wir auch wertvolle Gefühle wie Demut und Bescheidenheit empfinden. So begreifen wir besonders gut den Unterschied zwischen Nehmen und Geben, zwischen einem bewussten und unbewussten Lebensstil. Diese Erkenntnis hilft uns, wahre Lebensfreude zu empfinden.

Auf einen Blick

Das dritte Gebot zusammengefasst

→ Begehren führt zu unbewusstem Konsum und blockiert unsere Fähigkeit, klar zu denken.

→ Wir versuchen, eine Balance zwischen sinnvollen, lebensnotwendigen Anschaffungen und sinnlosen Ausgaben zu wahren.

→ Da Besitz zu Verlustängsten und somit zu Leid führt, sollten wir maßvollen Besitz oder angemessene Besitzlosigkeit anstreben.

→ Wir werden motiviert, unser persönliches Wertesystem neu zu definieren: weg von materiellen Gütern hin zu Sinnestiefe.

→ Wenn wir uns von Verlangen und Neid lösen können, erlangen wir inneren Reichtum, weil unser Geist von Konsumsucht befreit ist. So finden wir den Freiraum und die Zeit für spirituelle Erkenntnis.

4. Brahmacarya —

SINNESENTLASTUNG

Das vierte Gebot lehrt Zurückhaltung der Sinne und Enthaltsamkeit. Der Fokus liegt in Hinblick auf einen veredelten Lebenswandel auf den vielen sinnlichen Ablenkungen, die unser Sein nicht dominieren sollten. Brahmacarya empfiehlt, das rechte Maß zwischen unseren natürlichen Bedürfnissen und unseren Leidenschaften zu finden.

BESONNEN LEBEN
UND FÜLLE ENTDECKEN

»Durch Mäßigung kann ein Mensch seine gesamte Kraft, Vitalität und Lebenswonne, die in ihm ruht, erfahren.«

PATANJALI | Yoga Sutra 2.38

Tugend ist ein Begriff, der heutzutage nicht mehr häufig gebraucht wird. Er wirkt ein wenig angestaubt und wir assoziieren rasch weitere Begriffe wie Zucht und Ordnung, zumindest aber Disziplinierung und strenge Regeln mit diesem Wort. Wenn man sich von diesen eher negativen Verknüpfungen für einen Moment befreit, verkörpert das Wort Tugend jedoch vor allem positive Eigenschaften wie Aufrichtigkeit, Hochachtung und Ehrgefühl.

Das vierte Gebot *Brahmacarya* möchte Sie zu einem aufrichtigen, tugendhaften Lebenswandel ermuntern, weil dies eine bewusste Haltung dem Leben gegenüber darstellt. *Brahmacarya* wird auch mit »Selbstkontrolle« übersetzt, also eine gewisse Haltung zu bewahren. Alle zehn Gebote motivieren in verschiedenen Facetten immer wieder zur Selbstkontrolle im Sinne von Selbstbeobachtung. Stetig praktizierte Selbstbeobachtung führt unwillkürlich zu wachsender Bewusstheit und wachsende Bewusstheit lässt uns Lebensfreude spüren, weil wir in uns ruhen und in Einklang mit uns und unserem Umfeld sind.

Das vierte freundliche Gebot beinhaltet die vorangegangenen, wohlgemeinten Empfehlungen der Gewaltlosigkeit, Wahrhaftigkeit und Begierdelosigkeit. *Brahmacarya* stellt zudem eine weitere, subtilere Facette von *Asteya*, also Begierdelosigkeit oder Abwesenheit von Verlangen, dar, weil *Brahmacarya* auch als »Enthaltung von Sinnlichkeit« bezeichnet oder auch ganz allgemein mit »Enthaltsamkeit« übersetzt wird. Enthaltsamkeit setzt Begierdelosigkeit voraus.

Wünsche anerkennen und lenken

»Behalte deine Wünsche und fühle sie solange es dir guttut, aber mache sie nicht stärker als sie sind«, lehrt Patanjali. Dieser Satz ist eine wunderschöne Beschreibung dessen, was Lebensfreude einerseits, aber auch Bewusstheit andererseits beinhaltet. Dass wir allen Sinnesfreuden entsagen und unsere Wünsche unterdrücken, ist nämlich nicht der Sinn des yogischen Lebenswandels. Es geht nicht um Kasteiung, sondern vielmehr darum, uns über unsere eigenen Bedürfnisse und Wünsche im Klaren zu sein, sie jedoch nicht zum Hauptziel des Lebens zu erheben. Das vierte Gebot anerkennt, dass Sie ein Mensch aus Fleisch und Blut sind und Wünsche und Bedürfnisse haben, die das Leben auf natürliche Weise begleiten, weil sie zur menschlichen Existenz dazugehören. Als grundlegende Bedürfnisse gelten beispielsweise Nahrung und Getränke, Wärme und Schutz, Sex und soziale Zugehörigkeit beziehungsweise Geborgenheit und durchaus auch ein finanzielles Polster. Der maßgebliche Unterschied zwischen der Befriedigung der natürlichen Bedürfnisse einerseits und daraus wachsender Begierde andererseits ist die Lenkung des Begehrens, also die bewusste Beherrschung des Verlangens. Beherrschung bedeutet im yogischen Sinne stets Kontrolle, aber niemals Unterdrückung. Es geht beim vierten Gebot *Brahmacarya* also um eine bewusste Balance von natürlichen Bedürfnissen und Leidenschaft. Wenn wir zum Beispiel unserer Gier nach Essen, nach Unterhaltung oder nach Sex freien Lauf lassen, lenkt uns das von der Veredelung unserer Wesenszüge ab.

Wenn wir uns von unseren Begierden beherrschen und lenken lassen, kommen wir nicht dazu, in uns hineinzuspüren und uns bewusst zu werden, wie es uns geht, was uns eigentlich fehlt und was uns wirkliche Lebensfreude schenkt. Negative Gefühle wie Leere, Einsamkeit, Unzufriedenheit, Zweifel oder Angst beherrschen dann unseren Geist und wir suchen Ersatzbefriedigungen statt innerer Zufriedenheit. Egal, ob wir Schokolade in uns hineinstopfen, uns mit Fernsehen oder Computerspielen ablenken oder einen neuen Partner für die Nacht erobern – nichts befriedigt auf Dauer. Das kurze Glücksgefühl, das wir in solchen flüchtigen Augenblicken empfinden, löst sich ganz schnell in nichts auf, wenn die Pralinen im Magen liegen, der Film oder das Spiel vorbei ist oder der Partner der letzten Nacht uns wieder verlassen hat.

Das vierte Gebot ist die freundliche Empfehlung, unseren Geist und Körper zu beobachten, um zu enttarnen, was uns antreibt und beide Anteile so zu lenken, dass wir die Lebenskraft in unserem Inneren nicht durch unkontrollierte Begierde verschwenden.

Brahman und Prana

Auch das vierte Gebot *Brahmacarya* ist wie die vorangegangenen Gebote weit mehr als nur »Enthaltsamkeit«. Die Empfehlung lässt sich auch mit »Wandel im Sinne des Brahman« übersetzen. *Brahman* ist das göttliche Schöpfungsprinzip, das jegliche Yoga-Philosophie durchwirkt (der hinduistische Gott namens Brahma ist ein Teil des Brahman). Der gesamte Themenkomplex des vierten freundlichen Gebotes wirkt gleich weniger pathetisch, wenn wir uns von allen religiösen Dogmen lösen und »Göttlichkeit« als etwas Neutrales, Großes, eben als ein Prinzip und nicht als eine Person mit einem Namen ansehen.

Brahman ist die feinstoffliche Urquelle allen Lebens im gesamten Kosmos, die aus purem Licht und Liebe besteht. Es ist die Lebensquelle aller Vitalität, aller Neuschöpfung. *Brahmacarya* empfiehlt, dieses Schöpfungsprinzip zu erkennen und anzuerkennen, um dessen feinstoffliche Energie und Kraft zu nutzen. Diese Lebensenergie wird im Sanskrit *Prana* genannt. *Prana* ist der feinstoffliche, göttliche Ausdruck, der alles Lebendige durchwebt – egal, ob es sich um einen Einzeller im Meer handelt, oder um eine Blume oder um ein komplexeres Lebewesen wie ein Tier oder einen Menschen. Etwas von der großen, unermesslichen göttlichen Kraft steckt in jedem Lebewesen, weshalb alle Daseinsformen auf Erden aus der gleichen Quelle des Brahman stammen und diese repräsentieren. Wenn wir in der Lage sind, diese universelle Kraft zu erkennen, beginnen wir, die Schöpfung zu achten, zu ehren und können nichts und niemandem Leid zufügen. In dem Moment, indem wir anerkennen, dass die göttlichen Energien auch in uns vorhanden sind, gehen wir auch achtsamer mit uns selbst um. Als Folge werden wir weder Geist noch Körper durch zu viel und ungesundes Essen, durch zu viel Alkohol, Konsum oder Sex überfordern. Wir werden die göttliche Lebensenergie in uns nicht länger verschwenden, sondern unsere Aufmerksamkeit auf das Wesentliche richten. Und so dient »Wandel im Sinne des Brahman« wie alle anderen der zehn Gebote einer weiteren Verfeinerung der Wesenszüge des Menschen.

Sinnlichkeit in allen Varianten

Sinnlichkeit empfinden wir über unsere Sinnesorgane, die beim Menschen hoch entwickelt und heutzutage meist zeitgleich im Einsatz sind. Nahezu ununterbrochen melden unsere Sinne ihre Wahrnehmungen an den Verstand. Stellen Sie sich die folgende Situation vor: Sie gehen durch die Parfümerieabteilung eines Kaufhauses. Sie riechen die zahlreichen unterschiedlichen Düfte der angepriesenen Parfüms und begutachten auch die Verpackungen der Produkte aus den Augenwinkeln. Dabei erkennen Sie Markenlogos und können diese den richtigen Firmen zuordnen. Sie wissen, Marke X mögen Sie, Marke Y weniger. Währenddessen erhalten Sie einen Anruf, Sie bedienen die Tasten Ihres Handys, um den Anruf entgegenzunehmen, und beginnen ein Gespräch mit

Ihrer Freundin, die Ihnen von ihrem neuen Parfüm XY erzählt. Während Sie ihr zuhören beziehungsweise ihr antworten, nehmen Sie gleichzeitig weiterhin die Düfte wahr und betrachten die Ware. Vielleicht kauen Sie währenddessen auch noch einen Kaugummi und schmecken das künstliche Minze-Aroma im Mund. Sie werden in dieser Situation (wie auch in vielen anderen Lebenssituationen) gänzlich von Ihren Sinnen gesteuert und vermutlich werden Sie – ohne weiter darüber nachzudenken – ein weiteres Parfüm kaufen, obwohl bereits fünf in Ihrem Bad stehen.

DIE SINNE ENTLASTEN

Das freundliche Gebot *Brahmacarya* empfiehlt Ihnen, sich Ihrer Sinne stets bewusst zu sein und deren Wahrnehmungen zu kontrollieren, indem Sie sich beispielsweise darauf konzentrieren, nur eine einzige Sache zu tun oder ein einziges Objekt wahrzunehmen. Das stellt in unserer multimedialen Welt eine echte Herausforderung dar, mindert aber auf verblüffende Art und Weise jeglichen Stress! Machen Sie die Übung auf der nächsten Seite möglichst regelmäßig. Sie hilft Ihnen, sich nur auf einen einzigen Sinn, Ihren Tastsinn, zu konzentrieren. Sie können die Übung auch mit Ihrem Geschmackssinn machen, indem Sie ein Stück trockenes Brot in den Mund nehmen und es ganz genau untersuchen, bis Sie es hinunterschlucken. In der Praxis des Yoga werden solche Übungen Objektmeditationen (Dharana oder Ein-Punkt-Konzentrationen) genannt, wobei man sich – mit fortgeschrittenem Übungslevel – auch auf ein Wort wie »Liebe«, »Licht«, »Weisheit« oder »Dank« konzentrieren kann. So lernen Sie, sich nur auf einen Sinnesreiz zu konzentrieren und entlasten die anderen Sinnesorgane eine Zeit lang.

ENTHALTSAMKEIT ÜBEN – NICHT NUR BEIM SEX

Heutzutage werden wir in der Regel von Reizen geradezu überflutet. Wenn die Sinne jedoch permanent im Einsatz sind, geraten sie irgendwann ans Limit ihrer Leistungskraft und eines Tages kann das zu Nervosität, unruhigem Schlaf, chronischer Müdigkeit, Erschöpfung

Übung

Übung 8: Konzentration auf ein Objekt

- Sorgen Sie dafür, dass Sie etwa eine halbe Stunde nicht gestört werden.
- Legen Sie ein einfaches Objekt wie einen schönen Halbedelstein, ein Stück glattes Holz oder eine Blüte bereit und platzieren Sie das Objekt in Ihrem Schoß.
- Nehmen Sie eine meditative Haltung ein, schließen Sie die Augen und spüren Sie Ihre Atmung und Ihren Körper bewusst.
- Mit jeder Ausatmung lassen Sie alle äußeren Einflüsse los.
- Mit jeder Einatmung führen Sie Ihre Wahrnehmung tiefer in Ihr Innerstes.
- Nehmen Sie sich so lange Zeit, wie Sie benötigen, um die Gedanken und äußeren Wahrnehmungen zur Ruhe kommen zu lassen.
- Ergreifen Sie nun mit geschlossenen Augen das Objekt Ihrer Wahl mit der rechten Hand.
- Ertasten Sie das Objekt mit den Fingern, erspüren Sie Temperatur, Beschaffenheit der Oberfläche, erspüren Sie die Energie des Objektes.
- Nach einiger Zeit nehmen Sie das Objekt in Ihre linke Hand und versuchen es erneut in allen Eigenschaften zu ergreifen, begreifen und erfassen.
- Erspüren Sie, ob es zwischen der Wahrnehmung der rechten und der linken Hand Unterschiede gibt.
- Beschäftigen Sie sich mit dem Objekt, solange es Ihnen guttut, und versuchen Sie, ganz eins mit diesem Objekt zu werden.
- Zum Abschluss legen Sie das Objekt achtsam zur Seite. Dann richten Sie Ihre Wahrnehmung noch einmal ganz auf die Atmung und allmählich auch nach außen, bis Sie die Augen wieder öffnen möchten.

und Burn-out führen. Das vierte Gebot *Brahmacarya* möchte uns motivieren, die wertvolle Lebensenergie des Prana nicht zu verschwenden. Es ist erstaunlich, wie aktuell die Yoga Sutras des Patanjali in Bezug auf

> »Indem wir untersuchen, welche Rolle die Sinne in unserem Leben spielen, können wir Stabilität und Ausrichtung in unserem Geist erlangen.«

PATANJALI | Yoga Sutra 1.35

eine gesunde und ganzheitliche Lebensführung sind – anscheinend ließen sich die Menschen bereits vor rund 2500 Jahren gern vom bewussten Lebenswandel ablenken. Und wenn dies damals schon galt, gilt dies heute umso mehr. Wie also gelingt es Ihnen, im modernen Leben Enthaltsamkeit zu praktizieren?

Beginnen Sie mit kleinen Schritten zum Beispiel, indem Sie nicht ständig Ihre E-Mail-Eingänge überprüfen, sondern nur zweimal am Tag. Wenn es Ihnen beruflich möglich ist, führen Sie feste Telefonzeiten ein. Haben Sie den Mut, über den Tag verteilt immer mal wieder eine Stunde lang nicht erreichbar zu sein, weder über E-Mail noch Telefon oder Handy. Machen Sie sich Gedanken darüber, wie viel Lebenszeit Sie täglich für visuelle Medien wie Computer und Fernsehen aufwenden möchten und limitieren Sie bewusst die Zeit, die Sie privat in sozialen Netzwerken verbringen und per SMS oder E-Mail kommunizieren. Persönliche Gespräche und Treffen befriedigen die Bedürfnisse nach Geborgenheit und sozialer Zugehörigkeit weitaus mehr. Das heißt nicht, dass Sie die technischen Errungenschaften nicht mehr nutzen sollen. *Brahmacarya* möchte Sie lediglich dabei unterstützen, die richtige Balance zwischen bewusster und unreflektierter Nutzung zu finden.

So **vermehrt** *Brahmacarya* Ihre **Lebensfreude**

Den meisten Menschen fehlen heute Mußezeiten, in denen sie sich regenerieren können. Das vierte Gebot empfiehlt, unsere Sinneswahrnehmungen durch bewusste Entspannungsrituale zu schonen und zu verfeinern. Das können wir zum Beispiel erreichen, indem wir

→ in der Mittagspause oder am Abend spazieren gehen (ohne Handy, ohne Zielvorgabe),

→ abends baden und dadurch den Körper vom energetischen Ballast des Tages reinigen sowie die Gedanken zur Ruhe kommen lassen,

→ gezielte Atemübungen und Hatha-Yoga praktizieren,

→ rund fünfzehn Minuten täglich meditieren.

Sobald Sie Ihre Sinneswahrnehmungen entlasten, tun sich Zeitfenster auf, um sich zu »besinnen«, um Gedanken zu Ende denken zu können.

Weisheitsgeschichte

Prakash war der fleißige Schüler eines Hatha-Yogi in Varanasi, der ihn am Ganges die Fertigkeit der Asana und Meditation lehrte. Doch Varanasi ist eine quirlige Stadt und Prakash gestand seinem Meister, es fiele ihm schwer, bei all der Ablenkung um ihn her zu meditieren. Er konnte seinen Körper im Sitzen beherrschen, aber seine Sinne nahmen weiterhin alle Geräusche, alle Gerüche und sogar mit geschlossenen Augen das Licht um ihn herum wahr. Prakash bat darum, in die Berge wandern zu dürfen, um dort einen ruhigen Ort zur Meditation zu finden. Der Meister erlaubte ihm zu gehen und Prakash wanderte viele Wochen. Er versuchte nun an zahlreichen Orten zu meditieren, aber selbst das Rauschen der Baumblätter in der Wildnis störte ihn bei der Anstrengung, während der Meditation seine Sinne abzuschalten. Eines Tages stand, während er meditierte, plötzlich eine alte Frau vor ihm. Ihre Augen leuchteten – es schien als sei sie trotz ihres hohen Alters glücklich und zufrieden. »Darf ich dich um einen Rat bitten?«, fragte Prakash diese Frau. »Deshalb bin ich gekommen. Du möchtest wissen, wie du meditieren kannst, um weise zu werden.« »Ja«, antwortete Prakash verblüfft, weil er diese Frau noch nie zuvor gesehen oder gesprochen hatte, und bat sie, ihn zu unterweisen. »Es ist ganz einfach«, sagte die Frau. »Du musst bei jeder Meditation, jedes Mal wenn du dich zum Meditieren hinsetzt, bereit sein zu sterben.« Die Frau verschwand und Prakash übte sich nun darin, für den Tod bereit zu sein. Und tatsächlich: Die Vorstellung des körperlichen Todes brachte jegliche Ablenkung zum Stillstand. Mit stetigem Üben konnte Prakash die Abschaltung der Sinne ohne Weiteres aufrechterhalten.

Übung

Übung 9: Die schützende Kugel

- Stellen Sie sich aufrecht hin, atmen Sie ein paarmal tief ein und aus und kommen Sie zur Ruhe.
- Nun stellen Sie sich vor, dass Ihr Körper von einer durchsichtigen Kugel aus Licht umhüllt ist.
- Diese Kugel können Sie überallhin mitnehmen. Sie umhüllt Sie wohlig und schützt Sie und dennoch können Sie mit Ihrem Umfeld kommunizieren.
- Üben Sie erst ein paar Tage zu Hause, die Vorstellung von Ihrer Schutzkugel aufrechtzuerhalten, bevor Sie damit unter Leute gehen.
- Sie können jederzeit selbst entscheiden, welche Sinnesreize ins Innere Ihrer Kugel kommen dürfen und welche Reize oder Energien draußen bleiben. So bleiben Sie ganz bei sich und werden nicht vom Wesentlichen abgelenkt.
- Besonders in angespannten Alltagssituationen, wenn zum Beispiel Lärm von einer Baustelle Sie von der Arbeit ablenkt, der Ton einer Kundin unverschämt ist oder Sie die schlechte Stimmung im Büro herunterzuziehen droht, können Sie sich auf Ihren Schutz besinnen. So gelingt es Ihnen, besonnen zu handeln.

BESINNLICHKEIT ETABLIEREN

Brahmacarya empfiehlt die freundliche Selbstkontrolle der Sinne, um den wahren Inhalten des Lebens mehr Aufmerksamkeit zu schenken. Üben Sie sich immer mal wieder für ein paar Tage oder Wochen in Enthaltsamkeit, indem Sie zum Beispiel auf Zucker oder Sex oder Fernsehen verzichten. Sie werden merken, wie gut das Ihrem Geist und Körper tut.

Die Übung auf Seite 76 zeigt Ihnen, wie es möglich ist, die Sinneswahrnehmungen auch im hektischen Alltag zu reduzieren, indem Sie einen schützenden Kokon um sich schaffen.

Egal, was Sie machen: Tun Sie es nicht nebenher, nicht automatisch, nicht weil Sie sich ablenken wollen, sondern tun Sie es bewusst. Wenn Sie solchermaßen »besinnlich« leben, entsteht Freiraum, um die Lebensenergie und das Geschenk des Lebens wieder bewusst wahrzunehmen. So werden Sie bald mehr Lebensfreude empfinden.

Auf einen Blick

Das vierte Gebot zusammengefasst

→ Wenn wir uns in allen Dingen mäßigen, können wir die Fülle des Lebens viel bewusster mit Dankbarkeit empfinden.

→ Es gibt ein höheres Prinzip der Schöpfung, *Brahman*, und eine göttliche Lebenskraft, *Prana*.

→ Göttlichkeit ist im Sinne von etwas Großem, Universellem zu verstehen und hat nichts mit Religionsdogmen zu tun.

→ Die universelle (göttliche) Lebenskraft wirkt in allen Lebewesen, also auch in uns selbst.

→ Es ist hilfreich, unsere Sinneswahrnehmungen bewusst zu kontrollieren, um uns nicht von den Sinnesreizen beherrschen zu lassen.

→ Enthaltsamkeit, Besinnung und Meditation lassen uns bewusst bei uns bleiben und eines Tages den Sinn der Schöpfung erfahren.

5. Aparigraha –

BESITZBESCHEIDENHEIT

*Das fünfte Gebot lehrt uns, uns nicht nur von Begierden und Sinnesreizen
zu lösen, sondern auch möglichst wenig Besitz anzuhäufen.
Besitz bindet die Sinne und Lebensenergie, verstärkt Sorgen und Ängste
um den Verlust des Besitzes, was uns auf unserem spirituellen Weg
der stetigen Bewusstseinserweiterung hemmt.*

SICH NICHTS ZU EIGEN
MACHEN UND VIEL ERHALTEN

»Jemand, der sich auf das beschränken kann, was er braucht und was ihm zusteht, fühlt sich sicher. Ein solcher Mensch findet Zeit zum Nachdenken und Meditieren und wird so vollkommenes Verständnis von sich selbst gewinnen.«

PATANJALI | Yoga Sutra 2.39

Auf den ersten Blick scheint das fünfte Gebot *Aparigraha* dem dritten Gebot *Asteya* zu ähneln, tatsächlich ist der Lebensratschlag *Aparigraha* viel subtiler und beinhaltet alle vorangegangenen Gebote. Die Ermunterungen für einen tugendhaften Lebenswandel nehmen von Stufe zu Stufe zu und veredeln die zuvor erlernten Fähigkeiten im Sinne wachsender Bewusstheit. Das fünfte freundliche Gebot bildet den Abschluss aller fünf Lebensempfehlungen des *Yama*, welches unsere Beziehungen zu anderen und zum Umfeld, in dem wir leben, ordnet. Wenn Sie sich in den letzten Wochen bemüht haben, bereits nach den ersten vier

Geboten zu leben, werden Sie feststellen, dass es Ihnen immer besser gelingt, Ihre persönlichen Wahrnehmungen zu hinterfragen und dass sich damit auch Ihr Denken und Handeln verändert. Somit veredeln Sie mit jeder weiteren Stufe auf dem Weg des Yoga Ihre zuvor erlernten Fähigkeiten und kommen Ihrem Ziel von innerem Reichtum und Lebensfreude immer näher.

Parigraha bedeutet »Unterstützung«, »Hilfe«, »Nehmen« beziehungsweise »Annehmen« oder auch einfach »Erhalten«. Sanskrit ist, wie am Anfang des Buches erwähnt, eine sehr feinsinnige, feinstoffliche Sprache. *Aparigraha* weist durch den Anhang des Buchstaben A speziell auf die passive Grundhaltung von Annehmen hin. *Aparigraha* empfiehlt, sich nicht über das angemessene Maß hinaus zu bereichern. Der Kerngedanke ist, sich darin zu üben, nichts (gierig) zu nehmen, sondern abzuwarten und passiv zu empfangen.

Der mit dem fünften Gebot empfohlene Seinszustand der Besitzlosigkeit impliziert damit auch die gänzliche Loslösung vom Verlangen nach Gewalt oder Aggression (das erste Gebot *Ahimsa*), vom Verlangen nach Lügen (das zweite Gebot *Satya),* von jeglicher Begierde (das dritte Gebot *Asteya*) und vom Verlangen nach sinnlicher Ablenkung (das vierte Gebot *Brahmacarya*). Wer all diese Facetten der Loslösung vollzieht, kann sich auf die nächsten fünf Stufen des Weges der Lebensfreude begeben: Die Gebote des *Niyama*.

Sich selbst beobachten und **Automatismen enttarnen**

Je länger wir die Gebote praktizieren, umso stärker wird unsere Fähigkeit zur Reflexion. Damit können wir bisherige Verhaltensmuster ändern, die automatisch in uns ablaufen. Vielleicht haben Sie sich bereits dabei ertappt, wie Sie bei Ihrem Einkauf ganz selbstverständlich nach dem neuen teuren Waschmittel griffen, das in der Werbung die weichste Wäsche aller Zeiten versprach. Solche automatisierten Abläufe werden Ihnen täglich bewusster und damit haben Sie den Schlüssel zu Veränderung und innerer Freiheit in der Hand. Ein Lebenswandel im Sinne der Yoga-Philosophie bedingt, sich von allen Anhaftungen und Erwartungen zu lösen, da diese an das irdische Sein binden, obwohl doch die Erleuchtung das Ziel des Yoga-Weges ist. Erleuchtung mag etwas pathetisch klingen, aber wenn wir Erleuchtung als die wahre, unbelastete Lebensfreude des irdischen Lebens definieren, ist dies ein schönes und durchaus realisierbares Ziel.

ANNEHMEN, WAS IST

Aparigraha möchte uns lehren, dem Leben, so wie es ist, keinen Widerstand entgegenzusetzen, uns nicht in bestimmte Vorstellungen zu verbeißen, wie etwas zu sein hat, und keine fixe Erwartungshaltung an die Zukunft einzunehmen. Mit einer solchen Grundhaltung dem Leben gegenüber können wir die Dinge so annehmen, wie sie kommen – ganz egal, ob es sich um einen Unfall, das Ende einer Beziehung oder einen Lottogewinn handelt. Wir können nicht enttäuscht werden, sind von nichts abhängig und fühlen uns frei. Wir sind fähig anzuerkennen, dass es so, wie es kommt, ohnehin nicht zu ändern ist. Und dass alle Erfahrungen, die wir machen, ob gute oder schlechte, uns etwas lehren wollen, und somit letztlich alles zu unserem Besten geschieht. Vielleicht können Sie sich schwer vorstellen, eine solche Einstellung zu erreichen, aber wer einmal eine Sekunde im Leben einen solchen erwartungslosen, losgelösten Zustand erlebt hat, wird an sich arbeiten, bis dieser dauerhaft ist. Übung macht den Meister und dessen Affirmation lautet: »Loslassen und die Dinge so nehmen, wie sie sind.«

Besitzlosigkeit in der heutigen Zeit leben

Ein Lebensstil der Besitzlosigkeit scheint – zumindest in wohlsituierten Ländern – ein Anachronismus. Das gesamte Gesellschaftssystem, sogar die gesamte Zivilisation der Erde basiert auf persönlichem Besitz, der sich mal mehr und mal weniger bei einem Menschen anhäuft. Und dennoch scheint in unserer übersättigten westlichen Gesellschaft die Vorstellung, frei und ungebunden auf einer einsamen Insel zu leben, verlockend, und beflügelt die Fantasie. Haben auch Sie das Bedürfnis, aus dem Hamsterrad, bestehend aus Arbeit Entlohnung und Konsum, auszusteigen? *Aparigraha* empfiehlt Besitzlosigkeit, die heutzutage »Besitzbescheidenheit« heißen könnte. Wir erweitern unsere Bewusstheit, wenn wir uns über die wirtschaftlichen und gesellschaftlichen Anreizsysteme klar werden, die uns ständig manipulieren und beeinflussen. *Aparigraha* ermuntert uns, unterscheiden zu lernen, was wir wirklich brauchen und was nicht.

NICHT MEHR NEHMEN, ALS MAN BRAUCHT

Der Aspekt *Asteya* – die Abwesenheit von materiellem Verlangen – wird im Gebot *Aparigraha* noch vertieft, indem *Aparigraha* Besitzlosigkeit oder Besitzbescheidenheit als »Nicht-Horten« lehrt. Machen Sie sich bewusst, wie die Menschen zur Zeit der Entstehung der Yoga-Philosophie vor Tausenden von Jahren lebten. Es gab noch keine reichen Maharajas oder verbreiteten materiellen Wohlstand unter den Bewohnern auf dem indischen Kontinent. Dennoch lebten sie in einer Hochkultur mit hohen ideellen Werten und sozialem Wohlstand. Den Menschen war damals bereits bewusst, dass Besitz abhängig macht und den Gedankenfluss bindet, so wie es der Lehrsatz Patanjalis zum fünften Gebot am Anfang dieses Kapitels aufzeigt Aber die Bevölkerungszahl wuchs, das Ego des Einzelnen wurde stärker und eine Kultur des Herrschens und Ausbeutens breitete sich nicht nur in Indien, sondern auf der ganzen Welt aus, wie die Geschichte der letzten Jahrtausende zeigt. *Aparigraha* empfiehlt damals wie heute, in bewusster Bescheidenheit zu leben und nicht mehr anzunehmen, als uns zusteht. Den Grad der Bescheidenheit (oder anders ausgedrückt: das Maß des Besitzstandes) vermag ein jeder selbst zu bestimmen, je nach Lebenssituation, Lebensumfeld und Zeitepoche, in der er lebt. Es geht tatsächlich vor allem um die innere Haltung dem Besitzstand gegenüber. Diese Offenheit macht die zehn Gebote der Lebensfreude zeitlos. Die Lehren des Yoga sind auf Ausgleich und harmonische Balance ausgerichtet und dies nicht nur im Zeitraum eines Lebens von durchschnittlich 80 Jahren. Die zehn Gebote möchten Sie motivieren, sanftmütig zu sein, Schaden an anderen und anderem zu vermeiden, offen, ehrlich und tugendhaft zu sein und sich nie auf Kosten anderer zu bereichern – jetzt und in allen zukünftigen Leben.

HORTEN BINDET DEN GEIST

Horten im Sinne von Ansammeln und Bevorraten von Dingen und Geld gehört zum Lebensstil des Westens. Die Hortungen binden jedoch geistige Kapazitäten und machen genauer betrachtet unfrei, weil der Mensch allen Besitz immer ergänzen und erweitern will – es findet kein Ende. Gehen Sie einmal durch Ihre Wohnung, schauen Sie in den Schuh- oder Kleiderschrank, in Ihre Regale und Schubladen: All die Schuhe, T-Shirts, Gläser, Parfums, Fotos, CDs … zeigen uns, was wir scheinbar unverzichtbar zum Leben brauchen. Alles ist sammelbar und das im Überfluss. Schauen Sie sich Ihre persönlichen Sammlungen an und fragen Sie sich, ob vielleicht ein Duft ausreichend wäre, statt sechs verschiedene? Oder ob zehn T-Shirts genügen würden, statt dreißig? Zu horten ist ein anachronistischer Trieb aus der Zeit der Höhlenmenschen. Damals galt es, Futter und Felle zu horten, um das Überleben der Sippe zu sichern. T-Shirts gehören jedoch nicht zur Kategorie der Felle und Weinsammlungen auch nicht zur Kategorie der Essensbevorratung. Gehen Sie einfach mit den Empfehlungen des Gebotes *Aparigraha* im Hinterkopf durch Ihr Zuhause und trennen Sie sich von Ihren Anhäufungen. Verschenken Sie, was Platz wegnimmt, und was Sie eigentlich belastet. Sie können auch Gegenstände verkaufen und einen angemessenen Preis dafür erhalten. In jedem Fall tun Sie mit Ihrer Aufräumaktion anderen Menschen etwas Gutes und beschenken sich selbst mit einem Gefühl von Freiheit und Leichtigkeit.

> **»Wirkliche Freiheit ist das höchste Ziel des Yoga-Weges. Dies kann nur erreicht werden, wenn sich ein Mensch von jeglichem Verlangen trennt.«**

PATANJALI | Yoga Sutra 3.50

GIER IST UNERSÄTTLICH

Unser Instinkt zu horten und Vorräte anzulegen hält sich bereits seit rund zwanzigtausend Jahren. Im Laufe der Menschheitsgeschichte hat er sich so entwickelt, dass wir fast ausschließlich materielle Dinge ansammeln. Unter dem Blickwinkel einer sich ausbreitenden Zivilisation ist dies eine normale Fortentwicklung. In den letzten Jahrzehnten ist die Habgier jedoch schier unkontrollierbar geworden. Der urzeitliche Überlebenskampf prägte unseren unbedingten Überlebenswillen aus und diese Programmierung ist heute nach aktiv. Deshalb können wir oft nicht mehr unterscheiden zwischen dem, was zum Leben notwendig ist, und dem vielen Überflüssigen, das wir einfach nur haben möchten. Hinter der Besitzgier steckt meist der Wunsch nach Sicherheit und Kontrolle, denn durch möglichst viel Besitz haben wir scheinbar etwas in der Hand, sichern uns ab, fühlen uns »gut gepolstert«. Doch je mehr Besitz wir anzuhäufen versuchen, umso unbefriedigter und getriebener werden wir, weil ein unstillbarer Hunger nach mehr und noch mehr erzeugt wird. Habgier ist niemals satt und lässt uns nie sorglos und entspannt sein. Wenn alles Glück vom Besitz abhängt, bewirkt das eher schlaflose Nächte als Zufriedenheit, denn wir könnten unseren bereits vorhandenen Besitz ja beispielsweise durch eine Wirtschaftskrise verlieren, er könnte auch gestohlen oder durch ein Feuer zerstört werden. Also müssen wir uns immer weiter antreiben und mehr und noch mehr Besitz anhäufen.

Weisheitsgeschichte

Zu einem Yoga-Wochenende eines bekannten indischen Yoga-meisters, der in Europa einige Workshops hielt, brachten die Schüler zahlreiche Geschenke mit, um ihren Yoga-Guru zu ehren. Der Guru lehnte jedoch alle Geschenke ab und irritierte und verblüffte damit seine Schüler. Auch die Organisatoren der Veranstaltung wollten am Ende des Workshops dem Meister ein Geschenk überreichen, das dieser erneut ausschlug. Diesmal traute sich jedoch einer der Schüler ihn zu fragen, warum er alle Geschenke ablehne. Der Guru antwortete, dass es nicht im Sinne des Aparigraha sei, wenn er mehr annehmen würde als das Geld, das er als Honorar für dieses Wochenende erhalten habe, denn damit sei bereits alles ausgeglichen.

GIER UND DIEBSTAHL

Die antreibende Gier führt unter Umständen sogar dazu, zum Dieb zu werden. Als Kind oder Jugendlicher hat vermutlich der eine oder andere schon mal eine Kleinigkeit geklaut. Die Motivation, die hinter so einem Diebstahl steckt, ist meist eine Mischung aus Mutprobe (wohl wissend, dass Stehlen verboten ist) und dem Verlangen, etwas unbedingt haben zu wollen, zu dem das Taschengeld nicht ausreicht. Habgier ist eine typisch menschliche Eigenschaft. Zwar sind auch Elstern ganz versessen auf alles, was glitzert, und man könnte sie deshalb gierig nennen. Allerdings statten Elstern damit ihr Nest aus, um es stabiler zu machen, nicht um es hübscher aussehen zu lassen, damit der Besuch, der vorbeikommt, etwas zu bestaunen und zu beneiden hat. Der Unterschied zwischen Diebstahl, Hortung und materieller Anhäufung und der ganz natürlichen Absicherung der Grundbedürfnisse ist die Motivation dahinter: Soll die Hortung unseren Selbstwert vergrößern? Treiben uns Eitelkeit und Habgier an? Oder dient der Besitz dem gemäßigten Wunsch nach Wohlstand, dem persönlichen Glücksgefühl und der Lebensfreude? *Aparigraha* regt Sie an, sich über Ihre ganz persönliche Motivation Gedanken zu machen und möchte Sie ermuntern, die bisher erklommenen Stufen der Gebote tiefgründig zu reflektieren und ihre veredelten Verhaltensmuster zu festigen.

So **vermehrt** *Aparigraha* Ihre **Lebensfreude**

Es ist gewiss kein Zufall, dass sich zwei von fünf Yama-Geboten mit Verlangen auseinandersetzen – offensichtlich war dies vor 2500 Jahren bereits ein aktuelles Thema unter den Weisen des indischen Volkes, die sich über die Ideale und Werte eines gesellschaftlichen Zusammenlebens Gedanken machten und darüber meditierten. Die weisen Gesänge und Schriften sind über Tausende von Jahren entstanden und weitergegeben worden – heute können diese Weisheiten eine berechtigte Renaissance erleben. Die zehn Gebote fordern Sie persönlich auf, stets das Beste aus sich herauszuholen und sich charakterlich weiterzuentwickeln. Im Kern unterscheiden sich die Gebote der Yoga-Lebensfreude nicht von diversen religiösen Grundregeln, geht es doch letztlich darum, das Zusammenleben von Menschen relativ stressfrei und zum Wohle aller zu organisieren. Zum Wohle aller oder vieler bedeutet für das Wohlgefühl der Menschen in unserem Umfeld zu sorgen. Wohlgefühl ist das Fundament der Lebensfreude, die uns heutzutage vor allem deshalb abhandengekommen ist, weil wir versuchen, sie über Konsum zu erreichen. Das fünfte Gebot *Aparigraha* möchte Sie motivieren, tieferes Verständnis von sich selbst zu gewinnen. Wenn Sie Ihr Leben nach den philosophischen Empfehlungen des *Yama* ausrichten, können Sie nur gewinnen: Sie gewinnen Erkenntnis, Übersicht, Verständnis und Toleranz, tiefe Zufriedenheit, Selbstsicherheit sowie Großherzigkeit und Liebe. Diesen inneren Reichtum, den Sie durch Ihre Übung in Achtsamkeit gewinnen, dürfen Sie gern täglich mehren – so wird sich Ihr Vertrauen in eine höhere, schöpferische Führung und das Gefühl echter Lebensfreude festigen. Die zehn Gebote der Lebensfreude helfen Ihnen dabei, an Ihrer Bewusstheit zu arbeiten. Mithilfe der Langzeitübung auf der folgenden Seite gelingt es Ihnen, Ihre Wesenszüge, die Sie zunächst selbstkritisch analysieren, in positive Eigenschaften zu verwandeln. Nehmen Sie sich jedoch nicht zu viel auf einmal vor.

NICHT NEHMEN, SONDERN EMPFANGEN

Wenn Sie künftig weder den Besitz anderer begehren, noch an Ihrem eigenen Besitz »kleben«, beginnen Sie, Ihr Selbstwertgefühl nicht mehr ausschließlich über Besitz zu definieren. Nehmen Sie wie der Yoga-Guru aus der Weisheitsgeschichte nichts an, was Ihnen nicht zusteht, und üben Sie sich darin, nicht zu nehmen, sondern zu empfangen, so wie Patanjali es bereits im Zitat zu *Asteya* darstellt (siehe Seite 54). Nichts annehmen – weder materiellen noch geistigen Besitz –, sondern empfangen, was freiwillig kommt: Diese Kombination wirkt befreiend und vertieft Ihre individuelle spirituelle Lebensfreude. Ihr künftiges Selbstbewusstsein wird auf einer neuen, bewussten Ethik basieren. Sie werden allmählich spüren, wie Ihr eigenes Wertesystem sich mithilfe der ersten fünf Gebote wandelt.

Da alle Wesen, alle Dinge und alle Begebenheiten in einem Feld der Resonanz miteinander verbunden sind, werden Sie auch bald feststellen, dass es gar nicht nötig ist, über Ihre neue Einstellung zu diskutieren – Ihre veränderte Schwingung wirkt ohnehin positiv auf Ihr Umfeld ein. Ihre persönliche Lebensfreude ist auch die Lebensfreude der anderen. Und so gelingt es Ihnen, sich nichts zu eigen zu machen und dennoch viel zu erhalten.

Übung 10: Sich selbst prüfen

- Nehmen Sie Ihr Notizbuch zur Hand und schlagen Sie eine Doppelseite auf. Notieren Sie auf der linken Seite je fünf (oder mehr Sätze) zu den folgenden Themenfeldern: Gewalt/Aggression, Ehrlichkeit, Verlangen, Wandel im Sinne des Brahman und Besitzlosigkeit. Zum Beispiel: »Ich mag nicht, dass ich manchmal unbeherrscht und aggressiv bin« oder »Ich be- und verurteile oft andere Menschen« oder »Ich fühle mich unwohl, wenn ich lüge«.
- Sammeln Sie einige Tage Ihre »Was-ich-nicht-mag-Sätze«, Sie können die Liste jederzeit fortsetzen und immer wieder ergänzen.
- Lesen Sie Ihre Sätze am nächsten Tag wieder und lassen Sie die Formulierungen einige Zeit auf sich wirken.
- Wenn Ihnen keine weiteren Sätze mehr einfallen, formulieren Sie die Sätze positiv um und notieren sie auf der gegenüberliegenden Seite des Notizbuchs.
- Formulieren Sie Wünsche, Motivationen und Affirmationen, zum Beispiel: »Ich gehe überlegt und liebevoll auf Menschen zu« oder »Ich bin neutral« oder »Ich sage die Wahrheit und respektiere mein Gegenüber«.
- Lesen Sie sich die einander gegenüberstehenden Satzpaare jeden Tag aufs Neue durch und setzen Sie sich bewusst mit dem Status quo und mit Ihren idealen Wunschvorstellungen auseinander.
- Wenn Sie das Gefühl haben, die Sätze auf der linken Buchseite durch die positiven Affirmationen abgelöst zu haben (dies kann Tage, Wochen oder Monate dauern), streichen Sie Ihre »Ich-mag-nicht-Sätze« sichtbar durch.

Die zehn Gebote der Lebensfreude erfordern tägliche Bewusstheitsarbeit, damit wir uns von bisherigen Verhaltens- und Denkweisen lösen. Bei der folgenden Übung führen Sie eine feinenergetische Reinigung der Räumlichkeiten durch, in denen Sie arbeiten und leben.

Übung

Übung 11: Energetische Reinigung

- Besorgen Sie sich Räucherwerk oder eine Kerze und zünden Sie (unter Beachtung aller wichtigen Vorsichtsmaßnahmen) den Weihrauch, das Räucherstäbchen oder die Kerze an.
- Gehen Sie von der Eingangstür Ihres Wohnraums im Uhrzeigersinn durch jedes Zimmer und bitten Sie den Rauch oder die Flamme der Kerze, die angestauten, feinstofflichen Energien der Räume in sich aufzunehmen, um die Wohnung oder das Haus energetisch zu befreien.
- Räuchern Sie auch Abstellkammern, Schränke, Keller oder Speicher und Garage.
- Wenn Sie wieder an der Eingangstür angekommen sind, drehen Sie sich dreimal im Kreis um sich selbst (nach rechts im Uhrzeigersinn), um auch Ihren Körper und Geist energetisch mit Rauch oder Kerzenflamme zu reinigen.
- Atmen Sie tief aus und sammeln Sie sich noch einmal bewusst.
- Am Ende dieses energetischen Reinigungsrituals bedanken Sie sich – beim Universum oder dem Leben oder bei den Elementen Feuer und Luft … was immer Ihnen passend erscheint. Dann löschen Sie das Räuchergut oder die Kerze und entsorgen die Reste **außerhalb** Ihres Wohnraums.
- Wenn möglich, betreten Sie die Räume für einige Stunden nicht.
- Bei Ihrer Rückkehr bitten Sie in Demut und Dankbarkeit um neue frische Energien, Befreiung und schöne Erlebnisse, Heilung und Erlösung – was immer Ihnen wichtig ist – für sich und für alle, die in Ihrem gereinigten Zuhause wohnen.

Mithilfe der Reinigung können Sie sich darin üben, negative Energien, Gedanken und Gefühle loszulassen und sich zu befreien. Wie schon im ersten Kapitel erläutert, ist feinstoffliche Energie das, was nicht sichtbar, aber dennoch existent und fühlbar ist. Materieller und ideeller Besitz sind immer an feinstoffliche Energien in Form von negativen oder positiven Erinnerungen gebunden. Es ist daher sehr hilfreich und effektiv, durch Räucherungen die alten Energien zu binden und zu verbrennen. Führen Sie dieses Ritual mindestens einmal jährlich oder in speziellen Krisensituationen durch – zum Beispiel in Phasen, in denen Sie sich nervlich angespannt und belastet fühlen, oder nach einer Erkrankung oder nach Streit. In Hinblick auf Ihren persönlichen Wandel ist ein solches gründliches Reinigungsritual Ihrer Wohn-, aber auch Ihrer Arbeitsräume sehr empfehlenswert, denn so können Sie sich gezielt von alten Energiewolken lösen und einen befreiten Neustart initiieren.

Auf einen Blick

Das fünfte Gebot zusammengefasst

→ *Aparigraha* beinhaltet alle vier vorangegangenen Gebote und verfeinert den Anspruch an den Praktizierenden.

→ Der Lebensratschlag möchte helfen, unser Denken und Handeln fortlaufend zu verfeinern und unsere Schwingung aktiv weiter zu verändern, um den inneren Wandel zu vervollkommnen.

→ Die Empfehlung lautet, uns generell wenig zu eigen zu machen und uns vor allem nichts anzueignen, was uns nicht gehört.

→ Es ist wichtig, uns darin zu üben, zu empfangen, statt zu nehmen und nur das anzunehmen, was angemessen ist.

→ Wenn wir etwas annehmen im Sinne von unterstellen oder spekulieren, lenken wir unseren Geist von der Veredelung unseres Wesens ab.

→ Es gilt, sich von Habgier, aber auch von konkreten Hortungen, Ansammlungen und Anhaftungen zu befreien.

→ Dankbarkeit und Bescheidenheit sind wichtige Eigenschaften, die zu mehr Erfüllung und Lebensfreude führen.

6. Shauca —

REINHEIT

Mit dem sechsten Gebot erklimmen wir ein neues Niveau in Sachen Lebensfreude. Beim Lebensratschlag Shauca geht es darum, viele alte Hüllen abzustreifen, um freier und unabhängiger zu werden und uns auf den wirklichen Sinn des Daseins zu fokussieren. Der Weg des Yoga und das Leben nach den zehn Geboten ist ein Befreiungsweg und dazu gehört auch Reinigung – im wahrsten Sinne des Wortes.

REINHEIT ANSTREBEN
UND KLARHEIT ERZIELEN

»In dem Maß, in dem sich Reinheit
in uns entwickelt, wird es möglich,
übermäßige Sorge um die vergänglichen
Aspekte des Lebens und des
Körpers aufzugeben.
So werden wir einen angemessenen Kontakt
zu anderen Menschen finden.«

PATANJALI | Yoga Sutra 2.40

Wie Sie in den letzten Kapiteln erfahren haben, helfen uns die ersten
fünf Gebote des *Yama*, uns von Illusionen, falschen Vorstellungen und
alten Denkmustern zu lösen – dies geht allerdings nicht von heute auf
morgen. Wenn wir jedoch unsere Achtsamkeit bewahren und mithilfe
der Übungen regelmäßig an uns arbeiten, geht der Prozess stetig voran.
Yama umfasst differenzierte Lebensregeln zwischen dem Ich und der
Umgebung. Mit dem sechsten Gebot beginnen nun die fünf Regeln des
Niyama, in denen es um die innere wie äußere Reinigung des Ich, auch
»Läuterung« genannt, geht. Dabei gilt es, die Beziehung zu uns selbst

bewusst zu betrachten und unser spirituelles Streben ständig weiter zu erforschen und zu reflektieren. Um den spirituellen Lebenswandel zu unterstützen, empfiehlt das sechste Gebot die innere Reinigung von Körper und Geist sowie äußere Ordnung und Struktur. So lässt sich die Läuterung, die wir bereits durch die ersten fünf Gebote erfahren haben, noch weiter vorantreiben und wir sind fähig, Lebensfreude und Wonne zu erleben. Tiefe Wonne, Zufriedenheit und Klarheit wird im Sanskrit *Ananda* genannt. Viele Yogameister tragen Ananda als Anhang an ihrem Namen, was bedeutet, dass sie den Zustand der Reinheit und Erleuchtung erreicht haben.

Shauca motiviert, die Prozesse der inneren Reinigung zu verstärken. Das erste Gebot der Gewaltlosigkeit reinigt das Herz von Aggressionen, das zweite Gebot der Wahrhaftigkeit befreit den Geist von Illusionen und Lügen, das dritte Gebot der Begierdelosigkeit läutert den Körper von Verlangen, das vierte Gebot der Enthaltsamkeit zügelt die Sinne und befreit von der Diktatur des Verstandes, der die Sinneswahrnehmungen automatisch interpretiert. Und das fünfte Gebot der Bescheidenheit befreit uns von Erwartungen. Mit dem sechsten Gebot *Shauca* werden nun Rituale der Reinigung für den Körper und den uns umgebenden Lebensraum empfohlen, damit wir Schicht um Schicht den Ballast und die Hindernisse abtragen können, die unsere Seele von der endgültigen Befreiung durch den Zustand der Erleuchtung fernhalten.

Spirituelles Streben als Lebensaufgabe

Bei meinen Schülern, die ich zu Yogalehrern ausbilde, fällt mir immer wieder auf, dass sie in dieselbe »Falle tappen«, in die ich auch während meiner Yoga-Anfänge geriet. Da ich ja spirituell geworden war und die Gebote der Lebensfreude befolgte, glaubte ich fest daran, dass nun ein ebener, leichtgängiger Weg vor mir liegen würde. Ich erwartete damals, dass es leichter im Leben werden würde, weil ich Achtsamkeit und Bewusstheit praktizierte und zu einem guten Menschen geworden war.

Wie sich herausstellte, war das eine Illusion, der ich mich immer wieder hingegeben habe, bis mich die nächste Herausforderung oder gar Krise auf den Boden der Tatsachen holte. Ein spirituelles Leben zu führen, ist eine lebenslange Aufgabe. Es ist ein Bekenntnis zu einem achtsamen, bewussten Lebensstil, welches wir nicht mehr zurücknehmen können, wenn wir uns einmal auf den Weg gemacht haben. Dieser Lebensstil muss jeden Tag aufs Neue praktiziert werden. Tatsächlich werde ich täglich sensibler, fast dünnhäutig, weil mir beispielsweise verbale Angriffe oder Auseinandersetzungen noch mehr Kummer als zuvor bereiten. Diesen Prozess der Sensibilisierung müssen wir, wenn wir die Welt verändern möchten, jedoch alle durchlaufen, bis wir zu einer inneren Reinheit und Loslösung kommen – dies kann Jahre oder Jahrzehnte dauern.

SICH OBJEKTIV ÜBERPRÜFEN

Die höchste Stufe des achtstufigen Yogawegs – die Erleuchtung und das allwissende Verständnis des Kosmos und aller Zusammenhänge darin – fällt uns nicht einfach in den Schoß, sonst wären wir alle längst erleuchtete Lebewesen und die Erde wäre das Paradies. Wir müssen vielmehr beständig an uns arbeiten und diese Mühe nimmt nicht jeder auf sich. Sanftmütigkeit, Bescheidenheit und all die anderen angestrebten Veredelungen unseres Charakters sind einerseits Voraussetzungen für einen Lebenswandel im yogischen Sinne. Es sind aber auch allgegenwärtige und wiederkehrende Aufgaben, mit denen wir Tag für Tag aufs Neue konfrontiert werden. Motivieren Sie sich, sich täglich selbst zu überprüfen und versuchen Sie, dabei möglichst objektiv zu sein. Überlegen Sie genau, ob Sie sich beispielsweise gerade in irgendwelche Manipulationen oder gar Lügen verstrickt haben oder ob Sie wütend auf jemanden sind, weil Sie bestimmte Erwartungen an ihn hatten, die er nicht erfüllt hat. Oder treibt Sie gerade ein brennendes Verlangen nach irgendetwas um? Machen Sie es sich leicht, seien Sie aber nicht leichtfertig: Akzeptieren Sie, dass Sie nicht perfekt sind und gehen Sie sanftmütig mit sich selbst um. Wie gesagt, ein spirituelles Leben, ein Leben nach den zehn Geboten, ist eine lebenslange Aufgabe – Sie haben also reichlich Zeit, sich immer wieder weiterzuentwickeln und sich jeden Tag aufs Neue zu motivieren.

ERKENNEN, WIE WEIT SIE GEKOMMEN SIND

Anhand aller Begebenheiten und oder gar Rückfälle in alte Muster dürfen Sie lernen. Sie dürfen besonders durch Schwierigkeiten erkennen, wie weit Sie auf Ihrem Weg des Bewusstheitswandels gekommen sind und wie weit sich Ihr spirituelles Denken und Handeln gefestigt hat. Sie werden immer wieder auf Herausforderungen treffen, die zwar seltener, aber unter Umständen in umso heftigeren Formen auftreten. Angenommen, Sie nehmen sich vor, friedlich und ohne Streit zu leben. Doch dann werden Sie von jemandem um Geld betrogen, weil er die Rechnung zu einer von Ihnen erbrachten Dienstleistung nicht bezahlt. Da Sie sich im Recht fühlen und außerdem das Geld brauchen, sehen Sie sich gezwungen zu handeln und unter Umständen einen Anwalt einzuschalten – nicht weil Sie ein egohafter Mensch wären, sondern weil es zum Beispiel beim zweiten Gebot ja um Aufrichtigkeit geht und die andere Partei schließlich auch lernen soll, dass sie sich um Wahrhaftigkeit und Ehrlichkeit bemühen sollte.

Mir bereitet so etwas im Nachhinein immer seelische Bauchschmerzen, wenn ich erkenne, dass ich nicht nur geglaubt habe, das Recht, sondern auch noch die Weisheit auf meiner Seite zu haben. Schon saß ich wieder in der Falle des Egos, das sich gerade in solchen emotionalen Situationen mit dem Deckmantel der Spiritualität kaschiert – man gaukelt sich quasi selbst etwas vor.

Das sechste Gebot der Reinheit möchte Sie daran erinnern, dass bisherige Muster und Prägungen, die in den ersten fünf Geboten behandelt werden, allgegenwärtig auf der Lauer liegen und sprungbereit sind, wieder die Regie in Ihrem Leben zu übernehmen. Denn auch wenn sie Ihnen mittlerweile viel bewusster sind, verbirgt sich noch einiges.

Shauca in **allen Lebenslagen**

Shauca empfiehlt Ihnen aus diesem Grund, regelmäßige geistige Läuterung und auch wortwörtliche Reinigungen vorzunehmen, damit nichts im Dunklen Ihres Unterbewusstseins verbleiben kann.

SHAUCA IN DEN LEBENSRÄUMEN

In ungeordneten, vollgestellten und verschmutzten Lebensräumen kann sich schwerlich geistige Weite einstellen, weil der Geist sich von jedem Partikel der Umgebung ablenken lässt. Wenn wir uns auf das Wesentliche im Leben besinnen und innerliche Klarheit erlangen wollen, ist es ratsam, dass dies auch unsere Umgebung widerspiegelt. In diesem Fall ist die freundliche Empfehlung des sechsten Gebotes als Voraussetzung für eine weitere Entwicklung wirklich wörtlich gemeint. *Shauca* empfiehlt, die uns umgebenden Wohn- und Arbeitsräume sauber und aufgeräumt zu halten und regelmäßig feinenergetisch zu reinigen, wie in Übung 11 im letzten Kapitel beschrieben. Nur so fühlt sich unser Körper unbelastet genug, um gesund zu bleiben.

Auch der Geist sollte möglichst frei von materiellem Ballast sein, der sich vielleicht zu Hause auftürmt und dringend entstaubt werden müsste. Versetzen Sie sich einmal in die Situation kurz vor dem Einschlafen. Stellen Sie sich vor, wie Sie sich fühlen, wenn Ihnen einfällt, was Sie morgen im Büro alles zu erledigen haben und dass Sie zu Hause eigentlich endlich wieder die Fenster putzen und den Rasen mähen müssten ... Und ach ja, die Spülmaschine müsste morgen früh gleich als Erstes ausgeräumt werden. Tausend Gedanken tauchen auf, obwohl Sie zur Ruhe kommen möchten. Der Schlaf stellt sich jedoch nicht ein, weil so viel im Äußeren in Unordnung ist. So ähnlich geht es Ihrem meditierenden Geist, wenn beispielsweise die Zimmer der Wohnung zu vollgestopft sind und Ihnen die ganze Ansammlung von Besitz so belastend auf die Brust drückt, dass selbst die Seele kaum noch atmen kann. Der typisch asiatische Zen-Wohnstil kommt mit sehr reduziertem Interieur aus: Ein bis zwei Möbelstücke finden sich in den Zimmern und ein Bild an der Wand. In dieser Umgebung kann sich Ihr Geist von der ohnehin hektischen Außenwelt erholen und auf das eigene Innere, auf die Wahrnehmung der körperlichen Lebendigkeit konzentrieren. Jeder Besitz, jedes Foto, jedes Erinnerungsstück ist zudem auch noch mit feinenergetischem Erbe verbunden, das vielleicht längst nicht mehr zu Ihrem jetzigen Lebensabschnitt gehört. Wagen Sie einen Neuanfang! *Shauca* empfiehlt, in unserer Lebensumgebung Sauberkeit (im Sinne von Säubern und Putzen), Reinheit (in Bezug auf feinstoffliche Energiestauung) und Ordnung (im Sinne von Struktur) zu halten, was sich auf Wohnung, Haus, Garten, Garage und Auto, auf Keller, Hobbyraum, Speicher und auf die Arbeitsräume bezieht

Ganz besonders sollte der Raum, in dem Sie meditieren, für Sie ein Ort der Reinheit und des Wohlgefühls sein. Er sollte wie ein Tempel sein, den Sie betreten, um dort zur Ruhe zu finden und eine heilsame Zeit zu verbringen, um zu beten und um die Heiligkeit der Schöpfung und die Heiligkeit Ihres eigenen Lebens zu ehren.

SHAUCA DES KÖRPERS

Das sechste Gebot rät über die Reinheit der Umgebung hinaus auch dazu, den Körper von Giften zu befreien und durch bewusste, gesunde und natürliche Ernährung möglichst wenig Schlacken im Organismus anzusammeln. Es gibt Empfehlungen in den alten Yoga-Schriften, die periodische Reinigungsrituale beschreiben, die weit über die tägliche Hygiene und Pflege hinausgehen. Die Morgenwäsche eines Yogis wird beispielsweise um die Reinigung der Nase durch Neti (siehe Übung auf der folgenden Seite) und die Abschabung der Schlacken auf der Zunge mithilfe eines Zungenreinigers erweitert. Beide Rituale sind einfach auszuführen und sehr wirkungsvoll, um die nächtlichen Ansammlungen von Stoffwechselschlacken zu entfernen und generell geringer zu halten. Auch Sesamöl bindet alle Schlacken in den Schleimhäuten, die über Nacht vom Körperinneren nach außen transportiert werden. Dazu nehmen Sie einen Esslöffel naturreines Bio-Sesamöl in den Mund und

Übung

Übung 12: Salzwasserspülung der Nase *(Neti)*

- Besorgen Sie sich ein Neti-Nasenspülgefäß (im Internet unter Yoga-Bedarf) oder ein kleines Fläschchen mit langem Hals.
- Lösen Sie in 100 ml lauwarmem Wasser etwa einen viertel Teelöffel reines Himalaya- oder Meersalz auf, sodass das Wasser wie Tränenflüssigkeit schmeckt (ist das Wasser zu salzig oder zu wenig salzig, werden Sie ein leichtes Brennen in der Nase spüren und können die Dosierung dementsprechend variieren).
- Putzen Sie sich vorab die Nase, falls sie verstopft ist.
- Öffnen Sie Ihren Mund und halten Sie ihn während des Spülvorgangs offen.
- Halten Sie Ihren Kopf leicht schräg über das Waschbecken und füllen Sie in das rechte Nasenloch langsam die Hälfte des Wassers ein.
- Atmen Sie ruhig durch den Mund, während das Spülwasser zum linken Nasenloch wieder herausläuft.
- Verfahren Sie anschließend mit dem linken Nasenloch genauso.

Die Atmung, der Lebenshauch, fließt über die Nase ein und aus und mit dem Atem fließen auch feinstoffliche Energien ein und aus. »Befreit aufatmen« oder »Die Nase voll haben« sind Ausdrücke, die durchaus wörtlich zu verstehen sind, denn wer die Nase voll hat von konkreten Begebenheiten des Lebens oder wer bei einer Erkältung zumindest zeitweilig eine verstopfte Nase hat, wird keine tiefe Lebensfreude und befreiende Atmung fühlen können. Deswegen legen die Yogis großen Wert auf die Reinigung der Nasengänge und Pflege der Schleimhäute. Neti ist ein heilsames Ritual, das täglich ausgeführt werden kann. Allerdings nicht bei akutem Schnupfen mit verstopfter Nase oder bei Nasennebenhöhlenentzündungen – in solchen Fällen hilft das Inhalieren von Kräuteraufgüssen.

ziehen es etwa 10 Minuten lang immer wieder durch die Zähne. Das Öl bindet die Ausscheidungsprodukte von Rachen und Mund und diese werden schließlich zusammen mit dem Öl ausgespuckt.

Ein erfahrener Yogi hält darüber hinaus die Ohrgänge und das Trommelfell sauber und geschmeidig, indem er einen winzigen Tropfen Öl in den äußeren Gehörgang einträufelt. Die Augenoberfläche wird durch ein wenig Ghee (reines Butterfett) oder durch indische Kajalpaste bestehend aus Kampfer, Kohle und Ghee rein, abwehrstark und gesund erhalten. Zur Reinigung der inneren Organe trinkt er nach dem abendlichen Zähneputzen ein kleines Glas warmes Sesamöl, damit der Verdauungstrakt durch regelmäßigen Stuhlgang am Morgen entlastet wird.

DIE BEFREIENDE KRAFT DES WASSERS

Vor dem Zubettgehen sollte eine weitere zehnminütige Reinigung des Körpers mit stetig fließendem Wasser erfolgen – in den alten Schriften wird ein Fluss oder ein Wasserfall empfohlen, heute wird es wohl eher die Dusche sein. Damit können Sie einerseits Schweiß und Umwelteinflüsse abwaschen, aber auch den feinstofflichen Energiekörper von allen Ansammlungen des Tages erleichtern. Unterstützend für eine lang anhaltende Gesundheit ist es, den Organismus einmal wöchentlich zu entlasten, indem Sie sich einen Tag lang nur von stillem Wasser oder Tee ernähren. Einmal im Monat können Sie außerdem Magen und Darm durch ein aufwendiges Ritual des Salzwassertrinkens in Kombination mit speziellen Körperbewegungen reinigen. Darüber hinaus wird eine jährliche Reinigungskur des Ayurveda empfohlen, dessen Heilwissenschaft zeitgleich vor einigen Tausend Jahren mit dem Lebensstil des Yoga entstanden ist. In Südindien und Sri Lanka werden die besten traditionellen Ayurvedakuren der Welt angeboten. Sie können in erfahrenen Reisebüros gebucht werden.

Ein kranker oder schmerzender Körper bindet viel Aufmerksamkeit des Geistes und fesselt ebenso rein körperliche Kräfte. Regelmäßige Entgiftungskuren machen Körper und Geist leichter. Das sechste Gebot verspricht, dass wir uns um den Körper keine Sorgen mehr zu machen brauchen, wenn wir ihn stets vital und sauber halten – im wörtlichen wie im energetischen Sinne. In einem gesunden Körper wohnt ein gesunder Geist: Das ist die Empfehlung des sechsten Gebotes *Shauca*.

SHAUCA DES GEISTES

Trotz aller Reinigungen der räumlichen Umgebung und des Körpers möchte das sechste Gebot auch immer wieder ermuntern, den Geist zu klären und rein zu halten. Dies erreichen Sie beispielsweise durch tägliche Momente der Ruhe, der Besinnung, der Meditation. Um einen spirituellen Lebensweg weiter und höher zu beschreiten, wird empfohlen, sich stetig aller Illusionen und Sinnestäuschungen (*Maya*) bewusst zu werden und sich nach und nach von allen Anhaftungen und Schmerzen (*Klesha*) zu befreien. Grundvoraussetzung für diesen Akt der Befreiung ist, dass wir uns überhaupt bewusst werden, dass wir uns von unseren Sinnen lenken und beeinflussen lassen und dass unser Verstand vieles, was wir wahrnehmen, fehlinterpretiert. Außerdem sollten wir erkennen, dass wir von alten Anhaftungen und Prägungen beeinflusst werden, was idealerweise in der Auseinandersetzung mit den ersten fünf Geboten geschieht.

Das sechste freundliche Gebot möchten Sie nun motivieren, mit diesen Filterungsprozessen weiter fortzufahren und das Sieb Ihrer bewussten Lebensweise noch mehr zu verfeinern. Man kann sich den spirituellen Lebensweg etwas anschaulicher mit folgendem Bild vorstellen: Die Klärung des Geistes ist wie eine sich nach oben verjüngende Spirale, auf der Sie entlangwandern. Manchmal ist der Pfad des Lebens dünn und bedrohlich, manches Mal steil und steinig und manchmal weit, leichtgängig und beschaulich. Runde um Runde kommen Sie allmählich in höhere Gefilde. Die Runden der Spirale führen Sie an jeweils die gleichen Abschnitte des Kreises (also an die gleichen Herausforderungen und ähnliche Aufgabenstellungen), aber Sie haben inzwischen eine höhere Position, einen höheren Blickwinkel und mehr Erfahrung gesammelt. Die höhere Position befähigt Sie, Ihre Lebensaufgaben mit mehr Weisheit, Gelassenheit und Feingefühl anzugehen. Mit jeder Runde auf der Spirale veredelt sich Ihr Wesen und erhöht sich Ihr Weisheitspotenzial. Eines Tages sind Sie sogar in der Lage, endgültig und abschließend alle Herausforderungen zu meistern, wenn Sie wieder ganz und gar zu Ihrem Wesenskern zurückgekehrt sind. Eine Geschichte aus den indischen Schriften veranschaulicht am besten, um was es bei *Shauca*, der Reinigung, geht.

Weisheitsgeschichte

König Purusha und Tänzerin Prakriti waren ein unzertrennliches Paar, sie waren eins, eine Einheit, die unendlich in ihrer Existenz war, göttlich und unberührt. Eines Tages begann die Tänzerin, sich zu bewegen und aus der Einheit mit dem König zu lösen. Sie begann zu tanzen, denn sie wünschte sich, vom König wahrgenommen zu werden. Sie tanzte und drehte sich und umkreiste tanzend den König, der jedoch weiter in sich ruhte und unbeweglich verweilte. Die Tänzerin drehte weiter ihre Kreise um den König, der ungeachtet ihres Tanzes unberührt und beständig blieb. Mit jeder tanzenden Runde entfernte sich die Tänzerin weiter und weiter vom König. Die Tänzerin drehte sich so lange, bis sie den König, den sie umkreiste, gar nicht mehr sehen konnte, so weit hatte sie sich inzwischen vom Zentrum entfernt. Sie drehte sich und tanzte, bis sie schließlich vergaß, warum sie tanzte und sich drehte. Schließlich hielt die Tänzerin inne. Sie geriet in Stillstand. Sie fragte sich, warum sie tanzte. Was war ihr Ziel, was war der Sinn ihres Seins? Wo war der Anfang, wo war ihr Ursprung, wo kam sie her und wo ging sie hin?

INNEHALTEN UND SINN SUCHEN

In dieser Weisheitsgeschichte entfernte sich die Tänzerin mit jeder Umdrehung weiter vom Zentrum ihres inneren Wesenskerns *Purusha*.

Mit *Purusha* wird im Sanskrit das göttliche und dennoch persönliche Wesen bezeichnet, das jedem Menschen innewohnt. Die Seele trägt diesen Wesenskern in sich, der ruht, glücklich und gänzlich zufrieden ist. Mit jeder Umkreisung der Tänzerin Prakriti entstanden mehr Illusionen, Wahrnehmungen, Prägungen und Fehlinterpretationen des Verstandes, bis sie schließlich den Kontakt zu sich selbst, zu ihrem inneren göttlichen Kern verlor. Sie war nicht mehr eine Ganzheit, sondern ein Teil einer Zweiheit. Sie meinte auf dem richtigen Weg zu sein, bis sie innehielt und erkannte, dass sie vor lauter Wahrnehmung und Eindrücken gar nichts mehr erkannte.

Geht es Ihnen nicht auch so? Geht es uns nicht allen so? Wir leben unser Leben ständig in Aktion, wissen aber eigentlich nicht, warum wir das alles tun. Am Punkt des Innehaltens sind Sie angekommen, als Sie dieses Buch gekauft haben. Sie suchen Antworten auf die Fragen des Seins. Genau genommen ist die gesamte Menschheit und jede Person an diesem Punkt angekommen. Dennoch machen viele einfach weiter wie bisher, drehen weiter ihre Kreise und tanzen sich immer weiter fort von ihrem inneren göttlichen Kern und dem Wissen um den Sinn des Lebens, der darin verborgen liegt.

DER MOMENT DER UMKEHR

Die zehn freundlichen Gebote möchten uns in diesem Moment des Innehaltens hilfreiches Rüstzeug sein – damals wie heute. Das sechste Gebot empfiehlt im Speziellen, sich Ihrer eigenen tanzenden Unruhe, die den Geist verklärt, bewusst zu werden. Der einzige Weg, der zurück zur Einheit führt, ist, den Tanz in umgekehrter Richtung von außen nach innen zu tanzen, um sich Schritt für Schritt wieder von allen Illusionen und Ablenkungen zu lösen. Anhand dieser Geschichte von Purusha und Prakriti können Sie sich die zehn Gebote auch wie eine Spirale vorstellen. Mithilfe der zehn Lebensratschläge können Sie wieder zu Ihrem Zentrum zurückkehren, um sich ganz, heil und zufriedener zu fühlen. *Maya* und *Klesha* werden mithilfe der freundlichen Gebote geklärt und abgelegt – und dieser Prozess dauert genauso lang, wie Sie als Tänzerin oder Tänzer zuvor benötigt haben, bis Sie an den Punkt des Innehaltens gelangten. Es ist Zeit zu wenden und zum Zentrum der Spirale zurückzukehren – die Struktur der Spirale wird Sie sicher zum inneren Selbst zurückführen, um Einheit und allumfassende Ganzheitlichkeit zu erfahren.

So **vermehrt** *Shauca* Ihre **Lebensfreude**

Der Tänzerin gingen während des Tanzes allmählich der Sinn Ihres Tuns und auch die Lust am Tanzen verloren. Vielleicht trifft dies auch auf Ihre aktuelle Lebenssituation zu? Das sechste Gebot *Shauca* hilft Ihnen, sich durch bewusste Reinigung des Körpers und des Geistes Ihrer Emotionen und Handlungen bewusst zu werden. *Shauca* möchte Ihnen ermöglichen, wieder Tiefe und Sinnhaftigkeit im Leben zu finden. Das Leben wurde Ihnen nicht von der Schöpfung geschenkt, um nur zu arbeiten und zu konsumieren – manchmal fühlt es sich jedoch so an, wenn wir Lebensfreude beispielsweise nur mit dem Kauf von Produkten, mit dem Erreichen bestimmter beruflicher Positionen oder einem Lebenspartner verbinden. Ihre persönliche Lebensfreude, Ihr Lebensglück und den Sinn Ihres Lebens finden Sie nicht im Äußeren. Ihre Wonne (Ananda) liegt in Ihrer eigenen Mitte – kommen Sie einfach wieder zu Ihrem Zentrum zurück, so gewinnen Sie Klarheit.

ENDLICHKEIT UND UNENDLICHKEIT ANERKENNEN

Patanjali wusste, wie viel Sorgen sich die Menschen um die Endlichkeit ihres Lebens machen. Die Sorge um die Gesundheit des Körpers war damals wie heute ein Thema und die Suche nach einem niemals versiegenden Jungbrunnen scheint aktueller denn je. Damals versuchten die Menschen sich vielleicht mithilfe seltener Öle, die nicht jedem zugänglich waren, ein jugendliches Aussehen zu bewahren. Heute sind es Botoxspritzen und Schönheitsoperationen, die den Körperkult auf die Spitze treiben. Die philosophischen Schriften des Yoga machen immer wieder deutlich, dass die körperliche Hülle nicht allein unsere Lebendigkeit umfasst. Natürlich ist es wichtig, innerhalb eines Lebenszyklus unseren Körper zu achten und zu pflegen, aber darüber hinaus möchte das sechste Gebot uns motivieren, auch den feinstofflichen Götterfunken, der den Körper lebendig und vital macht, zu ehren. Patanjali empfiehlt in

Übung 13: Sich vom Gerümpel des Alltags befreien

- Überlegen Sie sich, was von Ihrem Besitz Sie schwer und unbeweglich macht, was Sie bindet und belastet.
- Machen Sie sich für jedes Zimmer, das Ihnen als Lebensraum zur Verfügung steht, eine Liste mit einigen Unterpunkten.
- Schreiben Sie auf, was Sie in jedem Zimmer sichten und sortieren wollen, was Sie verschenken und was Sie wegwerfen wollen. Und was ersetzt oder erneuert werden soll (falls dies überhaupt nötig ist).
- Erstellen Sie auch je eine Liste für Dachboden, Keller oder Garage.
- Schreiben Sie sich Zeitziele hinter die Punkte der Liste, die realistisch sind und Ihnen keinen Stress bereiten.
- Arbeiten Sie alle Listen in einem für Sie angemessenen Zeitrahmen ab, um sich von Altlasten zu befreien.

Über die Jahre sammelt sich so einiges im Haushalt an – besonders wenn reichlich Platz vorhanden ist, um vieles aufzuheben. Die Kleider, die gar nicht mehr passen oder unmodern sind, das zwölfteilige Service der Großmutter, das niemand mehr benutzt. Lösen Sie sich von allem, was nicht mit Ihrem Wesenskern, Ihrem wahren Selbst zu tun hat und verschenken Sie alles, was sie mehrfach oder einfach schon zu lange haben.

allen Geboten, auf unseren Körper und Geist zu achten, besonders aber im sechsten Gebot, den Körper durch rituelle Reinigungen, eine gesunde Ernährung und ausreichend Bewegung optimal zu versorgen.

Shauca möchten Ihnen bewusst machen, dass zwar Ihr Körper vergänglich ist, doch dass Ihre Seele ewig sein wird. Reinheit und Klarheit des sechsten Gebotes können Sie von unnötigen Sorgen vor körperlicher Vergänglichkeit befreien. Ohne diese Angst vor dem Tod wird Ihre Lebensfreude natürlicher und purer. Wer natürlich und rein im Sinne der Schöpfung ist, vermag auch mit anderen Menschen natürlich und liebevoll umzugehen und wahre Liebe zu empfangen.

Die Übung links verhilft Ihnen ganz pragmatisch zu mehr Klarheit und Struktur. *Shauca* unterstützt und motiviert in allen Belangen des Lebens. Nehmen Sie Ihr Notizbuch zur Hand und legen Sie los.

Auf einen Blick

Das sechste Gebot zusammengefasst

→ Das sechste Gebot ist die erste Stufe des *Niyama*, die Empfehlungen im Umgang mit sich selbst ausspricht.

→ *Shauca* bedeutet Reinheit, die sich auf Körper, Geist und Lebensumfeld bezieht.

→ Es gilt, uns über die eigenen Illusionen und Ablenkungen im Inneren wie Äußeren bewusst zu werden und diese zu läutern.

→ Wenn wir den Körper durch äußere und innere Reinigung gesund erhalten, können wir Sorgen vor Krankheit oder Tod minimieren.

→ Ordnung und Struktur, aber auch energetische Reinheit in unseren Lebensräumen fördern geistige Klarheit und Läuterung.

→ Tägliche körperliche und geistige rituelle Reinigung hilft uns, bewusst mit uns selbst umzugehen und so auf der spirituellen Suche weiter voranzukommen.

7. Samtosha —

ZUFRIEDENHEIT

Samtosha empfiehlt uns, unser Leben, so wie es ist, in all seinen Facetten *anzunehmen und wertzuschätzen. Das bedeutet, dass wir auch uns selbst annehmen lernen und uns zufrieden zeigen, wer wir sind. So kommen wir zur Ruhe, finden innere Erfüllung und können letztlich Glück erfahren.*

BESTÄNDIGKEIT SUCHEN
UND FRIEDEN FINDEN

»Tiefe Zufriedenheit lässt uns grenzenloses Glück erfahren.«

PATANJALI | Yoga Sutra 2.42

Das Zitat zum siebten Gebot ist kurz und prägnant. Es geht darum, zufrieden zu sein und grenzenloses Glück zu finden – klingt eigentlich ganz einfach. Allerdings ist das mit dem Glück so eine Sache, denn es scheint etwas extrem Kurzzeitiges und Flüchtiges zu sein.

Zum Thema Glück sind in den letzten Jahren zahlreiche Bücher und Artikel erschienen, die sich mit *dem Glück* auseinandersetzen. Dabei scheint das Empfinden von Glück sehr individuell und recht wenig konkretisierbar zu sein. Ein Lottogewinn wird wahrscheinlich von den meisten Menschen als ein Glücksfall betrachtet – aber versetzt uns nicht allein die Abgabe des Lottoscheins schon in eine Art Mini-Glückszustand, weil wir die geringe, aber doch mögliche Aussicht auf einen Lottogewinn haben? Die bloße Vorstellung, dass es klappen könnte, macht schon froh. Für manche Menschen ist ein Lottogewinn aber auch nicht erstrebenswert, weil sie sich vor der Verantwortung und der Veränderung, die das Geld mit sich brächten, fürchten. Wenn Sie also viele Menschen fragen würden, was Glück für sie bedeutet, würden Sie ebenso viele verschiedene Antworten erhalten. Geld spielt allerdings in unterschiedlichen Ausprägungen bei den Antworten eine tragende Rolle. Es werden jedoch auch das Zusammensein mit der Familie, Urlaub haben, erfolgreich sein, gesund sein und eine liebevolle Partnerschaft haben als Glück empfunden. Einigkeit herrscht unter den Psychologen darüber, dass Glück mit etwas Positivem verbunden ist und durch positiv empfundene Gefühle gefestigt wird. Die Abwesenheit von Glück ist quasi die negative Seite des Lebens.

Glück und Zufriedenheit suchen

In den alten indischen Schriften wird zwischen einem äußeren Glück und einer inneren Zufriedenheit unterschieden. Innere Zufriedenheit ist dauerhaft und der entscheidende Aspekt für die Empfindung von Glück beziehungsweise Lebensfreude. Wirkliches, tiefes Glück im Sinne der Yoga-Philosophie und im Sinne des Zitates zum siebten Gebot ist Glückseligkeit. Dieses Lebensglück ist nicht flüchtig, sondern beständig. Es basiert auf vollkommener und vor allem immerwährender Zufriedenheit, die nicht über äußere Begebenheiten oder Besitz definiert wird. Patanjali wusste, was für eine Herausforderung die Suche nach profunder Zufriedenheit darstellt und lehrte, wie wir *Samtosha* (das wörtlich übersetzt »Zufriedenheit«, »innerer Frieden« bedeutet) finden können. Zufriedenheit beinhaltet das Wort ›Frieden‹ und die Kombination mit der Silbe »zu« weist auf eine noch tiefere Bedeutung hin: »zu Frieden führend«. Zufriedenheit führt zu allumfassendem Frieden und dies ist es, was in der Yoga-Philosophie mit Glück gemeint ist: Es geht um Beständigkeit *in Frieden*.

DAS GLÜCK IM INNEREN

Es ist fast leichter, Unglück zu definieren als die Empfindung von Glück zu beschreiben. Unglück wird mit Attributen wie Pech, Schicksalsschläge, Pein und Schmerz umschrieben und tatsächlich brennen sich schwierige Lebenserfahrungen tiefer und dauerhafter in die Seele eines Menschen ein als glückliche Momente. Ist Glück wirklich so vergänglich wie behauptet wird? Wer entscheidet über Ihr persönliches Schicksal, also ob Sie glücklich oder unglücklich sind? Letztlich Sie selbst. Das freundliche Gebot *Samtosha* möchte Ihnen bewusst machen, dass Ihre Glückseligkeit in Ihrem Inneren liegt und von tiefer Zufriedenheit getragen wird. Es geht also erneut um die Hinwendung zu Ihrem Wesenskern, um die Suche nach Ihrem wahren Selbst. So wie Sie in Ihrem Innersten denken und fühlen, so werden Sie im Äußeren handeln und dementsprechend gestaltet sich das Leben um Sie herum. Genau darum geht es bei den zehn freundlichen Geboten: um persönlichen Wandel und wachsende Bewusstheit.

NICHT AN ÄUSSERLICHKEITEN ANHAFTEN

Machen Sie sich daher klar, dass das Glück, welches als flüchtig und vergänglich betitelt wird, nicht das Glück und nicht die Zufriedenheit darstellt, die *Samtosha* begleiten. Genügend Geld zu haben, eine Beförderung zu erhalten oder das fertiggestellte Haus zu betrachten – all das sind glückliche Lebensumstände, die Sie wohlverdient genießen sollen. Doch gleichzeitig möchte das siebte Gebot Sie stets daran erinnern, diese Lebensumstände nicht als Gesetzmäßigkeit anzusehen, oder als einen Zustand, der für alle Ewigkeit gilt. Anhaftungen an äußere Dinge und Begebenheiten machen verletzlich und instabil. Denken Sie nur daran, wie schnell wir heutzutage Gefahr laufen, arbeitslos zu werden und unter »unglücklichen Umständen« sogar Haus und Hof zu verlieren. Und wie rasch gehen heute Lebensgemeinschaften wieder auseinander? Genießen Sie Ihr äußeres Glück, aber definieren Sie nicht Ihr Selbstwertgefühl und Ihre seelische Zufriedenheit darüber. Suchen Sie innere Beständigkeit, um sich selbst und anderen Stabilität zu schenken.

AN SCHWIERIGKEITEN WACHSEN

Auch Phasen des Leids und des Schmerzes gehören zum Leben dazu – sie sind irgendwann vorbei und können als Chancen zum Wandel betrachtet werden. Sogenanntes Unglück kann genauer betrachtet sogar als Glück

angesehen werden, weil wir aus zeitweilig schwierigeren Lebensumstän-
den und Begegnungen lernen können und uns weiter entwickeln dürfen.
Alle Begebenheiten des Lebens dienen dazu, innerlich zu wachsen, und
Wachstum ist das Ziel eines spirituellen Lebenswandels. Versuchen Sie,
sich einmal an eine verflossene Partnerschaft zu erinnern. Vermutlich
waren Sie in der ersten Zeit überaus verliebt und dementsprechend glücklich. Die Sonne lachte den ganzen Tag und alles war wunderbar. Dieses
Glücksgefühl, das die Zuneigung zu Ihrem Partner auslöste, erhoben Sie
rasch zum ehernen Gesetz auf Ewigkeit. Sie begannen, an diesem Status
anzuhaften und daraus Vorstellungen und Erwartungen zu entwickeln.
Eine Zeit lang waren Sie rundum zufrieden und stark. Dann kam es zur
Trennung und mit ihr erlebten Sie Schmerz, Wut und oder gar Hass auf
den Partner, der Sie verließ, obwohl sie/er doch versprochen hatte, Sie ein
Leben lang glücklich zu machen.

Wenn Sie sich nicht zur Ablenkung gleich in eine neue Partnerschaft
gestürzt haben, konnten Sie sich, nachdem der erste Schmerz abgeflaut
war, sicher mit den Gründen der Trennung auseinandersetzen. Auf
diese Weise erkannten Sie, welche Fehler Sie und Ihr Partner gemacht
haben und lernten daraus. Sie konnten anhand dieser scheinbar unglücklichen Erfahrung wachsen und sich weiterentwickeln – und dies
ist eine zusätzliche Facette von Glück. Die Trennungserfahrung wurde
(wie alle Erfahrungen und Erkenntnisse im Leben) zum Bestandteil
Ihrer Seelenmatrix und kann jederzeit als positiver Ansatz für eine
neue Partnerschaft genutzt werden. Jede vergangene Beziehung macht
Sie selbstsicherer, weil Sie exakter wissen, was Sie nicht möchten, und
genauer wissen, was Sie sich wünschen. Mit diesen geläuterten Voraussetzungen können Sie künftig an jeder Zweisamkeit arbeiten und sich
gemeinsam mit Ihrem Partner weiterentwickeln. Jede Art von Unzufriedenheit oder scheinbarem Unglück ist eine Chance, sich darüber
bewusst zu werden, was man besser und anders machen möchte ... und
dies ist genau das, was die zehn Gebote uns freundlich in vielen bunten
Prismen verdeutlichen möchten: Alles dient zu etwas Gutem!

INNERE HINDERNISSE ÜBERWINDEN

Patanjali und das siebte Gebot *Samtosha* empfehlen, sich immer wieder der eigenen Schmerzen und inneren Blockaden bewusst zu werden. Wo kommen diese Blockaden her? Was ist der Ursprung des Schmerzes? Hindert Sie vielleicht eine bestimmte Erwartungshaltung oder ein tief verwurzelter Glaubenssatz daran, sich weiterzuentwickeln? Nichts zu erwarten und mit dem zufrieden zu sein, was man hat, wurde bereits mit den ersten fünf Geboten als Empfehlung ausgesprochen. Aber manche Schmerzen sitzen tiefer und bauen schier unüberwindliche Hindernisse im Geist auf, die erst aufgelöst werden können, wenn wir sie ins Bewusstsein holen. Angenommen, Sie haben in früher Kindheit die Erfahrung gemacht, dass Ihnen nichts zugetraut wurde. Daher begleitet Sie vielleicht der Glaubenssatz »Ich bin nichts wert«. Entsprechend trauen Sie sich wenig zu und geben schnell auf, wenn es schwierig wird, weil es ja scheinbar ohnehin keinen Sinn hat. So bleiben Sie im alten Zustand hängen und Ihr Glaubenssatz bestätigt sich immer aufs Neue, da ja nichts voranzugehen scheint.

Wenn Ihnen bewusst wird, woher der Schmerz kommt und welche Glaubenssätze Sie hemmen, ist das der erste Schritt. Der nächste ist, sie loszuwerden, was gar nicht so einfach funktioniert.

DER SCHMERZKÖRPER BEHINDERT GLÜCKSELIGKEIT

Machen Sie sich folgenden Zusammenhang klar: Sie verfügen, wie jeder Mensch, über einen emotionalen (feinstofflichen und nicht sichtbaren) Schmerzkörper. Dieser steht mit Ihrem grobstofflichen Körper, Ihren geistigen Fähigkeiten und den angesammelten Erfahrungen Ihrer Seele in Verbindung, führt aber dennoch ein unabhängiges Eigenleben. Der Schmerzkörper lebt von Schmerz und Leid. Freude, Glück und Zufriedenheit sind quasi seine Feinde, denn sie würden ihn auflösen. Aufgrund der Existenz des Schmerzkörpers, der eine große Kraft hat, entsteht mitunter die Sucht des Menschen nach Leid und Schmerz. Eigentlich möchten wir glücklich und zufrieden sein, aber der Schmerzkörper verteidigt

> »Harmonie, Balance und Gleichgewicht in jeder Lebenslage, möge sie glücklich oder unglücklich sein, dies ist als der Zustand des Yoga bekannt.«

BHAGAVAD GITA

seine Existenz immer wieder aufs Neue und verlangt – statt nach freiem Atem und Glückseligkeit – nach Leid und noch mehr Leid. Einerseits glücklich sein zu wollen und andererseits unbewusst süchtig nach Leiden zu sein, ist eine Dualität, die wir nur durch Bewusstheitsentwicklung harmonisieren können. Sobald Sie sich darüber bewusst sind, dass Sie einen solchen Schmerzkörper besitzen, können Sie sich selbst besser verstehen. Sie erkennen zum Beispiel, warum Sie sich bei der Trennung von Ihrem Partner elend fühlen und heftig weinen müssen, obwohl Sie tief in Ihrem Inneren genau wissen, dass alles gar nicht so schlimm ist, weil Sie ohnehin nicht mehr glücklich miteinander waren und Sie schon irgendwie darüber hinwegkommen werden. Sobald Sie den Schmerzkörper erkennen und enttarnen, machen Sie einen Schritt durch die Tür zum inneren, wahren Glück. Denn der Schmerzkörper mit all den abgespeicherten negativen Erfahrungen führt unter Umständen im Unterbewusstsein ein Eigenleben und wird dadurch zum Hauptgrund, warum innere Widerstände und Blockaden Sie immer wieder daran hindern, wahre und tiefe Zufriedenheit, Frieden und Glück im Sinne von *Samtosha* zu finden. Deshalb empfiehlt das siebte Gebot, sich tagtäglich der inneren Dualität zwischen Glückssuche und Schmerzsucht bewusst zu werden.

WAS MACHT SIE GLÜCKLICH, WAS UNZUFRIEDEN?

Die folgenden Übungen 14 und 15 sollten Sie direkt hintereinander ausführen. Viele Menschen wissen gar nicht, warum sie unzufrieden sind und was sie an Glück und Zufriedenheit hindert. Das Gebot *Samtosha* möchte Sie motivieren, nach innen zu schauen und dafür ist es hilfreich, Ihre persönlichen Hindernisse und geistigen Blockaden ins Bewusstsein zu heben und bei Lichte auf einem Blatt Papier zu betrachten. Denn so erkennen Sie, was Sie brauchen, um diese Hindernisse aufzulösen. Wenn Sie beispielsweise mit Ihrer beruflichen Situation unzufrieden sind, gilt es, Ihren Mut zu stärken, damit Sie sich einen neuen Job suchen. Wenn Sie sich Sorgen um Ihr Kind machen, ist es

Übung 14: Liste der Unzufriedenheit

- Legen Sie Ihr Notizbuch und einen Stift bereit.
- Atmen Sie ein paar Minuten bewusst ein und aus und kommen Sie zur Ruhe.
- Richten Sie Ihren inneren Blick auf den Bauchraum, spüren Sie Ihre inneren Organe und die Bewegungen des Körpers im Inneren.
- Verweilen Sie eine Weile bei der Wahrnehmung des Bauchraums aus innerer Perspektive – was liegt Ihnen im Magen oder geht Ihnen an die Nieren?
- Versuchen Sie zu erspüren, welche Facetten der Unzufriedenheit in Ihrem Inneren verankert sind.
- Nehmen Sie sich rund 10 Minuten Zeit für diese innere Betrachtung und Einstimmung.
- Bleiben Sie nach innen gekehrt, aber öffnen Sie Ihre Augen und schreiben Sie eine intuitive Liste mit den Dingen, die Sie unzufrieden sein lassen oder die Ihnen Schmerzen oder Sorgen bereiten.

Übung 15: Liste der Lebensfreude

- Atmen Sie erneut bewusst ein und aus und sammeln Sie sich wieder.
- Richten Sie Ihren inneren Blick auf Ihren Herzraum, spüren Sie die Bewegung des Herzens, den Herzschlag, das Klopfen im Inneren Ihres Körpers.
- Verweilen Sie eine Weile bei der Wahrnehmung des Herzens und Brustraums.
- Versuchen Sie zu erspüren, welche Begebenheiten Sie Freude und Glück empfinden lassen.
- Bleiben Sie nach innen gekehrt, aber öffnen Sie die Augen und schreiben Sie nun intuitiv eine Liste mit Begebenheiten und Dingen, die Sie zufrieden und glücklich gemacht haben und machen.

hilfreich zu überprüfen, ob es lediglich Ihre Erwartungshaltungen sind, die das Kind nicht erfüllen kann, weil es ganz andere Erwartungen an sein Leben hat. Ähnliches gilt für Partnerschaften. Oder vielleicht empfinden Sie die gesamte Weltsituation als ungerecht und unglücklich? Dann machen Sie sich Gedanken darüber, was Sie individuell dazu beitragen können, um soziale und nachhaltige Gerechtigkeit zu fördern. Ihre Liste der Unzufriedenheit kann lang oder kurz sein, schreiben Sie sich einfach alles von der Seele – egal wer oder was der Auslöser dieser Unzufriedenheit ist. Schreiben Sie alles auf, was Sie belastet. Wenn keine Aspekte mehr auftauchen, danken Sie für diese Erleichterung, legen Sie das Notizbuch zur Seite und machen Sie im Anschluss mit der nächsten Übung weiter.

Auch bei der Liste der Lebensfreude schreiben Sie alles auf, was Ihnen einfällt. Dann schließen Sie sie dankend ab, egal wie lang oder kurz sie sein mag, und legen das Notizbuch erst einmal zur Seite. Erst nach ein paar Tagen holen Sie es für die nächste Übung wieder hervor.

Übung

Übung 16: Wortpaarungen finden

- Vergleichen Sie nun die beiden Listen miteinander und ordnen Sie diese auf frischen Papierseiten neu.
- Schreiben Sie hinter jeden Punkt der Unzufriedenheit einen Punkt von Ihrer Lebensfreude-Liste, der die Aspekte der Unzufriedenheit aufzulösen vermag. Zum Beispiel: Verletzung – Zärtlichkeit oder: Stress – Gelassenheit oder: Minderwertigkeit – Stolz auf sich sein.
- Falls Sie einige Punkte aufgeführt haben, die nicht zueinanderpassen, formulieren Sie neue Wörter oder Sätze dazu, bis sich alle Punkte zu Paaren zusammengefunden haben.
- Dann verbrennen Sie Ihre Liste der Unzufriedenheit in einem Ritual der Loslösung und des Gebets.
- Nehmen Sie sich von nun an immer wieder Wortpaarungen vor, um Negatives in Positives zu verwandeln und Ihre Unzufriedenheit in tiefe, innere Lebensfreude zu verwandeln.

Jedes Wortpaar ist ein Projekt, das Sie verfolgen und erarbeiten – egal wie lange es dauert, denn es mag durchaus eine Lebensaufgabe sein, mit der Sie immer wieder konfrontiert werden. Die zehn Gebote führen Sie stetig und beständig zu mehr Lebensfreude, wenn Sie Ihren Enthusiasmus und die Lust an Veränderungen beibehalten.

So **vermehrt** *Samtosha* Ihre **Lebensfreude**

Die alten indischen Philosophieschriften, die Patanjali ausführlich studierte und in seinem Werk »Yoga Sutra« zusammenfasste, weisen genauso wie die moderne Psychologie auf einige Faktoren und Eigenschaften hin, die innere Zufriedenheit fördern. *Samtosha* möchte motivieren, diese Eigenschaften in sich zu veredeln, damit sie als Verstärker der wahren Glückseligkeit dienen. Ein solcher Verstärker der Lebensfreude ist es beispielsweise, Wahrhaftigkeit zu praktizieren ebenso Gewaltlosigkeit oder Begierdelosigkeit. Exemplarisch stellen Sie sich einen Menschen vor, der permanent in Streit mit allen und jedem liegt. Eine solche Person würden Sie zweifelsohne als unglücklich bezeichnen und zwar »unglücklich mit sich und der Welt«. Wenn wir uns der eigenen Charakterstärken und -schwächen mithilfe der zehn Gebote bewusst werden, pflegen wir einen liebevollen Umgang mit uns selbst. Es gelingt uns, die persönlichen »Glücksfaktoren« herauszufinden und diese aktiv zu stärken. Folgende Attribute scheinen seit jeher innere Zufriedenheit zu beeinflussen:

→ **Menschlichkeit** in Form von Freundlichkeit sowie in Form von Liebe geben und empfangen.

→ **Gerechtigkeit** in Form von Zuverlässigkeit, Loyalität und Fairness.

→ **Couragiertheit** in Form von Mut und persönlicher Standfestigkeit.

→ **Wissensmehrung** durch Neugier, Kreativität, Weitblick und Lernwilligkeit.

→ **Mäßigung** in Form von Selbstkontrolle und Selbstreflektion, aber auch in Form von Bescheidenheit und Klugheit durch Abwägen im Denken und Handeln.

→ **Spiritualität** in Form von Dankbarkeit, Vergebungsfähigkeit, Optimismus und Urvertrauen, Schönheitsempfinden und Humorfähigkeit.

Schmerzvolle Erfahrungen und Krisen dienen dem Wachstum – die Glücksfaktoren sind die harmonisierenden Gegenspieler, die das Wachstum der Menschen dynamisieren und vorantreiben. Das Leben ist eine Wanderung durch tiefe Täler, grüne Weiten und auf hohe Berge hinauf, deren Gipfel von göttlichem Licht erhellt werden. Für die Lebenswanderung sind Sie am besten ausgerüstet, wenn Sie Ihre innere Zufriedenheit nach allen Regeln der Lebenskunst stärken. Die folgende Weisheitsgeschichte mag noch einmal verdeutlichen, wie eine neutrale Haltung

gegenüber Glück und Pech zu innerer Zufriedenheit im Sinne
von *Samtosha* führt, so wie es das Zitat aus der Bhagavad Gita auf
Seite 115 empfiehlt.

Weisheitsgeschichte

*Eine Frau aus dem Süden Sri Lankas bekam von einer Cousine
ein Haus vererbt, das in den Bergen von Kandy, in der Mitte des Landes lag. Ihre
Freunde gratulierten ihr zur Erbschaft und sagten: »Da hast du aber großes Glück
gehabt, dass die Cousine ihr Anwesen dir vermacht hat«. Die Frau antwortete:
»Das mag sein«. Dann machte sie sich auf die lange und wegen der Regenzeit
beschwerliche Reise von der Südspitze Sri Lankas nach Kandy, um sich um die
Erbschaft zu kümmern. Unterwegs hatte sie einen Unfall mit der Autorikscha,
mit der sie gerade reiste. Sie brach sich dabei den Arm und musste einige Zeit
im Krankenhaus verbringen. Verwandte besuchten sie und sagten: »Da hast du
aber Pech gehabt, dass du gerade auf der Reise zu deinem geerbten Haus einen
Unfall hattest«. Die Frau antwortete: »Das mag sein«. Einige Tage später hörte
sie in den Nachrichten, dass einige Häuser um Kandy durch einen Erdrutsch in
der Regenzeit zerstört worden waren, unter anderem auch ihr geerbtes Haus. Da
kam der Arzt zu ihr und sagte: »Da haben Sie aber Glück gehabt, dass Sie gerade
hier bei uns im Krankenhaus waren und nicht in dem Haus«. Die Frau antwortete: »Das mag sein.« Am nächsten Tag kehrte sie in ihren Heimatort zurück und
war so glücklich und zufrieden wie zuvor.*

INNEREN FRIEDEN FINDEN

Suchen Sie Ihren inneren Frieden und suchen Sie Beständigkeit in
dieser Zufriedenheit. Wenn Sie mit sich selbst zufrieden und im
Frieden sind, werden Sie auch einen liebevollen Umgang mit anderen
Menschen pflegen können und ebenso friedvoll behandelt werden.
Es bedeutet achtsame und permanente Bewusstheitsarbeit, sich selbst

mit allen Emotionen und jedem Ausdruck des eigenen Körpers (auch mit allen Falten und Formen) zu akzeptieren. Denken Sie als positives Beispiel an tibetische Nonnen und Mönche – ohne das religiöse Konzept zu bewerten. Diese leben in Bescheidenheit und haben ihr Leben einem höheren Ziel geweiht. Sie ruhen in sich, sind in innerer Zufriedenheit beständig und aus ihrem Inneren heraus rundum glücklich. Nun wird sich wahrlich nicht jeder zu einem Leben in einem abgeschiedenen Kloster berufen fühlen, aber Sie können auch innerhalb Ihres Lebensstils glücklich und zufrieden werden. Das gelingt, indem Sie sich und anderen gegenüber Achtsamkeit entwickeln und versuchen, dem diversen Auf und Ab des Lebens neutraler gegenüberzustehen. Mit *Samtosha* und den anderen Geboten manifestieren Sie Ihr Lebensglück. Viel mehr ist gar nicht zu tun, als achtsam und respektvoll zu sein – so werden Sie Beständigkeit und Herzensfrieden finden und dies bedeutet pure Lebensfreude.

Auf einen Blick

Das siebte Gebot zusammengefasst

→ *Samtosha* möchte uns motivieren, zu Frieden zu finden und in tiefer Zufriedenheit zu verweilen.

→ Wir unterscheiden äußeres und inneres Glück und versuchen, dauerhaftes, inneres Glücksgefühl zu fördern.

→ Blockaden und Glaubenssätze, die im ätherischen Schmerzkörper gespeichert sind, gilt es zu erkennen und zu lösen, damit wir Glückseligkeit erreichen.

→ Beständige Zufriedenheit erlangen wir durch Eigenschaften wie Gerechtigkeit, Couragiertheit und Menschlichkeit im Umgang mit anderen sowie durch Mäßigung, durch Wissensmehrung und Spiritualität.

→ Bewusstheit und Beständigkeit führen zu wahrer Zufriedenheit.

8. Tapas —
ENTHUSIASMUS

Das achte Gebot empfiehlt uns, unseren Enthusiasmus auf dem Weg des Yoga für unsere spirituelle Suche zu fördern und wachsen zu lassen. Dabei gilt es, stets neugierig und aufmerksam zu bleiben. Tapas – das innere Feuer – motiviert uns dazu, unsere geistigen Hindernisse und körperliche Trägheit zu überwinden und aufzulösen.

BLOCKADEN ÜBERWINDEN
UND NEUE KRÄFTE GEWINNEN

»Durch Verringern von Hindernissen
im Geist und durch Abbau
von Blockaden im Körper
werden harmonische Kräfte des Körpers
und der Gleichmut der Sinne gestärkt.«

PATANJALI | Yoga Sutra 2.43

Tapas bedeutet »Glut«, »Hitze« oder »Erhitzung«. Im Ideal der Yoga-Philosophie gilt es, mithilfe der »inneren Glut« – wir würden dies wohl Enthusiasmus nennen – den spirituellen Lebensweg voranzutreiben und als lebensbegleitendes Konzept fest zu etablieren. Durch regelmäßige körperliche und spirituelle Disziplinen wird die innere Glut geschürt, in der alle Blockaden und Hindernisse verbrannt werden können, die einen Menschen an der höheren geistigen Entwicklung auf dem Weg zur Erleuchtung hindern. Als *Tapas* werden auch Brennöfen bezeichnet, in denen Reste verbrannt werden. Die Disziplinen der *Asana* (Körperübungen) und *Pranayama* (Atemübungen) dienen im übertragenen Sinne als Brennöfen, um Überflüssiges und Schädliches im Organismus zu verbrennen und ihn von mitunter aufkommender

Trägheit zu befreien. Manche Schriften legen das achte Gebot *Tapas* auch als Askese oder Kasteiung aus, die praktiziert werden soll.

Der Lehrsatz von Patanjali und das achte Gebot verheißen nach der Überwindung aller Trägheit, die Entfesselung ungeahnter, brachliegender neuer Kräfte, die den Suchenden in ein dauerhaftes harmonisches Dasein führen – losgelöst von allem irdischen Verlangen, da alle Begierden mit *Tapas* verbrannt wurden. Patanjali macht mit diesem Sutra erneut deutlich, dass der Mensch selten völlig frei von inneren Blockaden ist. Im modernen Lebensstil des Yoga werden wir dazu angeregt, konstant wachsam uns selbst zu beobachten. So können wir uns stetig weiterentwickeln und die eigenen Wesenszüge so weit veredeln, bis alle bisherigen Muster und Prägungen im Gleichmut verbrannt sind und wir wahrhaft gelassen und frei werden.

Die **drei Gunas** harmonisieren

Die philosophische Yogalehre unterscheidet zwischen drei Grundeigenschaften, die in allen menschlichen Charakteren zu finden sind, jedoch auch bei Tieren und sogar in Gegenständen. Alle drei Qualitäten sind für das Sein gleichermaßen essenziell. Unser Ziel ist es jedoch, die drei in einem harmonischen Gleichgewicht zueinander zu verankern, sodass keine der Eigenschaften die anderen dominiert oder behindert.

→ *Tamas* ist die Eigenschaft der Trägheit, Interesselosigkeit, jedoch auch die Qualität von Stabilität und Erdung, denn *Tamas* ist schwer, unbeweglich und beständig.

→ *Rajas* ist das Prinzip der Bewegung und der Aktivität, aber auch der Unruhe und Rastlosigkeit.

→ *Sattva* ist die Qualität des Reinen und Edlen, also die Fähigkeit zu reflektieren und die wahre Realität zu erkennen.

Wenn diese drei Gunas im Körper und im Geist des Menschen gleichteilig verankert sind, können wir, so besagt es die Yogalehre, im rechten Maße ausgewogen handeln und die Fähigkeit erlangen, die kosmische

Wahrheit zu erblicken und erleuchtet zu werden. Bei den meisten Menschen sind jedoch die beiden Gunas *Tamas* und *Rajas* im Übermaß etabliert – heute noch mehr als zu der Zeit, als die indischen Schriften und zehn Gebote entstanden sind. Die permanente Unzufriedenheit und Trägheit des *Tamas* und die Rastlosigkeit des *Rajas* hindern uns an einer höheren Bewusstheitsentwicklung, da *Sattva* durch die beiden unterdrückt wird. Die Dominanz von *Tamas* und *Rajas* verhindert, dass die zehn Gebote der Lebensfreude dauerhaft gelebt werden.

Stellen Sie sich als Beispiel eine nach TV-Berieselung süchtige, ansonsten relativ interessenlose, ewig nörgelnde, auf dem Sofa sitzende Person vor. So ein »Couch-Potato« wird kaum an der Weiterentwicklung seines Bewusstseins oder an ethischer Veredelung interessiert sein, weil er ganz und gar von der Eigenschaft des *Tamas* dominiert wird. Als Beispiel von *Rajas* stellen Sie sich dagegen eine Person vor, die nicht eine Minute lang ruhig sitzen kann, ständig aktiv ist, entweder joggt oder Termine wahrnimmt und darüber ganz das Sein vergisst.

Die träge Dominanz von *Tamas* verhindert sattvisches, bewusstes und klares Denken, ebenso wie hyperaktives *Rajas* ruhige, sattvische Reflexion behindert. *Sattva* vermag jedoch allein nicht zu existieren, da für eine Bewusstheitsentwicklung durchaus auch Bewegung (*Rajas*) in Form von Streben sowie Stabilität (*Tamas*) in Form von Ruhe essenziell sind. Folgerichtig empfiehlt das achte Gebot, alle drei Kräfte zu harmonisieren, indem Trägheit, Blockaden oder überschießende Energie des Körpers mit Hilfe von *Tapas* verbrannt werden.

ALLES HAT SEINE ZEIT

Es mag mitunter anstrengend sein, sich immer und allgegenwärtig der zehn Gebote bewusst zu sein und diese auch noch beharrlich umzusetzen. Irgendwann geht jedem einmal das Feuer aus. Es ist allerdings gar nicht erforderlich, alle Regeln auf einmal umzusetzen. Ein bewusster Lebenswandel und die Suche nach tiefer, wahrer Lebensfreude ist ein Prozess, der durchaus langwierig, aber nicht langweilig ist. Wenn Sie sich ab und zu mit den Geboten der Lebensfreude befassen, werden Sie verstehen, warum die einzelnen Gebote sich durchaus ähneln und verschieden bunte Facetten der Grundthemen Denken, Handeln, Reflektieren, Weiterentwickeln und Überwinden von Hindernissen aufzeigen.

DAS MOTIVATIONSFEUER ENTFACHEN

Erinnern Sie sich an das befreiende, tief empfundene Glücksgefühl, wenn Sie eine unangenehme Situation oder ungeliebte Arbeit beendet haben. So haben Sie *Tamas* überwunden. Sie haben Ihre Pflicht erfüllt und sich selbst befreit oder entlastet. Nun können wieder Lebensfreude und Glücksgefühle durch Erleichterung aufkommen. Das Glückgefühl ist eine wundervolle Belohnung für die Überwindung von Hindernissen, die Sie belastet haben. Mit *Tapas*, der inneren Glut, haben Sie Ihr Motivationsfeuer angefacht und sich überwunden, etwas zu tun, vor dem Sie sich lange gedrückt haben.

Das achte Gebot ist – wie alle anderen Gebote – eine freundliche Empfehlung und möchte nicht dazu motivieren, sich zu etwas zu zwingen, zu dem Sie absolut nicht bereit sind. Zwang ist eine *Rajas*-Dominanz, und wenn eines der drei Guna vorherrschend ist, ist das Ergebnis nicht rein und macht daher auch nicht glücklich.

Wann immer etwas zum Erfolg führen soll in den alltäglichen Dingen des Lebens oder als Lebensziel generell, ist es die Glut des *Tapas*, die Energie, die dafür benötigt wird. *Tapas* setzt Kräfte frei, die Mut, Selbstdisziplin und Durchhaltevermögen stärken. Mit sattvischer Reinheit des Denkens können wir sogar spüren, wann die beste Zeit für Vorhaben und konkrete Projekte gekommen ist, denn dann ist der Geist frei von Hindernissen, Bedenken und Trägheit.

BLOCKADEN IM KÖRPER

In der Stufe des *Niyama* – der freundlichen Gebote des Umgangs mit sich selbst – wird immer wieder darauf hingewiesen, auf die eigenen Bedürfnisse und besonders auf die Bedürfnisse des Körpers zu achten.

Nicht nur der Verstand kann Hindernisse aufbauen, sich spirituell weiterzuentwickeln, sondern auch der Körper. Nach Patanjali empfiehlt
das achte Gebot *Tapas,* den eigenen Körper zu achten und aufmerksam dahin gehend zu beobachten, ob wir zu schwer, faul und behäbig
werden. Körperliche Bequemlichkeit kann unsere geistige Weiterentwicklung blockieren. Wenn wir kränkeln oder körperliche Schmerzen
haben, empfinden wir sicher keine Lebensfreude. *Tapas* empfiehlt,
körperliche Hindernisse durch bewusste Gesundheitsvorsorge wie
gesundes Essen, ausreichende Bewegung und genügend Erholung zu
überwinden und jedwede Krankheit als Möglichkeit zu sehen, den
Lebensstil zu optimieren. Denken Sie beispielsweise an die vielen
heutzutage typischen Beschwerden wie nervöse Unruhe, Schlafstörun-
gen, Bluthochdruck, Diabetes, Tinnitus und so fort, die vermieden
werden könnten, wenn wir bewusster mit uns selbst umgehen und für
einen Ausgleich der drei Gunas sorgen würden. Jede Krankheit ist eine
Chance, Blockaden und Dominanzen von Eigenschaften harmonisie-
rend auszugleichen, um zur vollkommenen Gesundheit zu gelangen.
Die auf die beiden Stufen des *Yama* und *Niyama* folgende Yoga-Stufe
ist die Praxis von *Asana.* Asana sind die Körperübungen des Hatha-
Yoga und werden als ideale und pragmatische Möglichkeit empfohlen,
um alle Blockaden des Körpers zu überwinden und den Organismus
gesund zu erhalten.

DIE LEICHTIGKEIT DES SEINS

Asana ist die körperliche Form des achten Gebots. Die Praxis von Asana
lehrt Geist und Körper in Einklang zu bringen. Indem wir spezifische
Körperhaltungen einnehmen und in diesen Positionen für eine ange-
messene Zeit an Atemzügen verweilen, werden ganz konkret körperliche
Blockaden gelöst. Wenn Sie sich beispielsweise aus dem Stand nach
vorn und unten neigen, um mit der Stirn die Knie zu berühren, werden
Sie wahrscheinlich feststellen, dass Ihre Rücken- und rückwärtigen
Beinmuskeln verkürzt sind und Ihre Hände vermutlich nicht bis zum

Boden reichen. Dies ist nur eines von Hunderten von Beispielen, welche muskulären Blockaden in den Gelenken (besonders in der Wirbelsäule) vorhanden sind, die Sie unter Umständen daran hindern, Ihre Bewusstheit weiterzuentwickeln. Ist der Körper schwer, matt und unflexibel, kann auch der Geist nicht flexibel sein und sich von alten Prägungen lösen. Ein freier Geist fühlt Leichtigkeit, fühlt Loslösung statt Anhaftung an einen schmerzenden Körper und ist durchwoben von feinstofflicher Energie und freier Atmung. Das achte freundliche Gebot *Tapas* möchte Sie motivieren, sich selbst wieder als atmendes Wesen wahrzunehmen und ungeahnte Kräfte auch auf körperlicher Ebene zu entwickeln.

Weisheitsgeschichte

Drei Jungen namens Rajas, Tamas und Sattva trafen sich am Dorfweiher und wollten miteinander spielen. Rajas wollte umherlaufen und jagen, Sattva wollte lieber auf Bäume klettern und Tamas wollte eigentlich nur im Gras liegen und die Vögel betrachten. Rajas überzeugte Sattva Fangen zu spielen und sagte zu Tamas: »Wenn du jetzt nicht mit uns spielst, fesseln wir dich an einen Baum!« Tamas weigerte sich und wurde kurzerhand an den Baum gebunden. Dann hörten sie ihre Mütter zum Abendessen rufen und Tamas bat die anderen darum, ihn loszubinden. Rajas war aber nach wie vor verärgert und lief sofort davon, ohne sich weiter um Tamas zu kümmern. Sattva folgte ihm, kam aber nach kurzer Zeit zurück und befreite Tamas. Gemeinsam und freundschaftlich gingen sie ins Dorf zurück.

So **vermehrt** *Tapas* Ihre **Lebensfreude**

Egal, was Sie machen, um Ihre innere Glut leuchtend zu halten und um alle geistigen und körperlichen Hindernisse aus dem Weg zu räumen, die Freude an dem, was Sie tun, ist entscheidend. Der zeitgenössische

Interpret der Yoga-Philosophie und weltweit bekannte Weisheitslehrer Eckhart Tolle nennt die innere Freude und den inneren Antrieb zu einer stetig weiterführenden Bewusstheitsentwicklung »Enthusiasmus«. Alles Streben nach höheren Zielen, neue Visionen von einer liebevollen Welt werden nur dauerhaft umgesetzt werden können, wenn die Herzenskraft, die Liebe und die Freude in Ihrem Inneren verankert sind. Das achte Gebot lehrt Sie, aufmerksam mit sich selbst zu sein und auf Ausgewogenheit zwischen Körper, Geist und Seele und zwischen den drei Gunas zu achten.

Sagen wir, Sie nehmen sich vor, jeden Tag Hatha-Yoga zu machen, können diesen Plan aber nicht umsetzen, weil Ihr Alltag ohnehin viel zu eng getaktet ist. Ihr Rajas-Ich flüstert Ihnen zu »Los, mach endlich! Heute Abend, spätestens morgen früh.« Ihr Tamas-Ich sagt: »Ich will nur noch Ruhe und Schlaf.« Die beiden inneren Stimmen könnten ewig weiter argumentieren, ohne zu einer Lösung zu gelangen. Dieser Dauerkonflikt tut Ihnen nicht gut und hemmt Ihre Lebensfreude. Verleihen Sie Ihrem Sattva-Ich eine gewichtige Stimme und sie wird Ihnen weise raten: »Mache dreimal statt einmal pro Woche Hatha-Yoga und stelle dir keine Aufgaben, die du nicht täglich lösen kannst«. Sobald Sie Ihr Tun in Ausgewogenheit und Mäßigung fassen (gemäß dem vierten Gebot *Brahmacarya*), wird Ihnen alles möglich sein, was Sie sich wünschen und was Sie sich vornehmen. Auf diese Weise verändern Sie Ihre Schwingungsfrequenz. Sie nutzen Ihr inneres Feuer, um Hindernisse zu überwinden, und die verbleibende Glut motiviert Sie, enthusiastisch zu bleiben. Mit der freundlichen Empfehlung des achten Gebotes mehren Sie Ihre Lebensfreude durch Ausgewogenheit. Indem Sie Blockaden überwinden, gewinnen Sie neue Kräfte.

BLOCKADEN LÖSEN DURCH MEDITATION

Meditation ist die höchste Form von *Tapas*, denn im Zustand der tiefen Meditation sind *Tamas* (Stabilität durch Aufrecherhaltung des ruhigen, meditativen Zustands), *Rajas* (Streben, diesen meditativen Zustand auf-

Übung 17: Feuer-Atmung

Führen Sie diese Übung nicht in der Schwangerschaft, bei Bluthochdruck, aktueller Krankheit oder kurz nach einer OP aus.

- Setzen Sie sich aufrecht auf einen festen Stuhl oder in Meditationshaltung auf ein Sitzkissen oder Meditationsbänkchen.
- Achten Sie darauf, dass Ihr Becken und Bauch Freiraum haben, der Brustkorb sich ausweiten kann und die Schultern und der Nacken locker sind.
- Beobachten Sie zuerst eine Weile Ihre Atmung, die unbeeinflusst durch die Nase ein- und ausfließt.
- Dann vertiefen Sie Ihren Atemfluss, in dem Sie bewusst und voluminöser ein- und ausatmen.
- Schließlich atmen Sie jeweils kurz, aber so tief wie möglich ein, und jeweils ruckartig wieder aus, indem Sie die Ausatmung über die Nase ausstoßen und dabei den Bauchnabel mit dem Zwerchfell (im Bauchraum liegender Atemmuskel) nach innen ziehen.
- Diesen Atemrhythmus führen Sie circa 20-mal aus.
- Anschließend lassen Sie die Atmung wieder unbeeinflusst ein- und ausfließen und entspannen Rücken und Bauchraum.
- Richten Sie nach einiger Zeit den Rumpf wieder auf und wiederholen Sie die Feuer-Atmung mit 20 Stoßatmungen.
- Die Atemübung mit je 20 Stoßatmungen kann drei bis fünfmal wiederholt werden.

rechtzuerhalten) und *Sattva* (geläuterte, pure Wahrnehmung im meditativen Zustand) im ausgewogenen Maß miteinander kombiniert. Diese harmonische Kombination macht es möglich, alle inneren Blockaden und Hindernisse zu überwinden und dafür feinstoffliche Kräfte freizusetzen, die bisher nicht genutzt wurden. Bewusste Atmung ist eine wesentliche Voraussetzung, um länger in einem meditativen Zustand verweilen zu können. Daher werden vor einer längeren Meditation *Pranayama* (Atemübungen, die vierte Disziplin des Yoga-Weges) praktiziert. Atemübungen vermögen die innere Glut, das innere Streben nach höherem

Übung

Übung 18: Feuer-Meditation

- Nehmen Sie nach Übung 17 eine für Sie angemessene Meditationshaltung ein, in der Ihr Körper sich wohlfühlt und der Geist nicht abgelenkt wird.
- Atmen Sie bewusst und konzentrieren Sie weiter all Ihre Sinne auf Ihr Innerstes.
- Stellen Sie sich ein wärmendes Kaminfeuer vor, vor dem Sie sitzen.
- Sie fühlen sich in der Nähe des Feuers wohlig und warm, Sie sind eins mit sich selbst.
- Visualisieren Sie nun Dinge, Umstände, Gedanken, Glaubenssätze, Muster oder auch Personen, die Sie daran hindern, sich auf Ihrem spirituellen Weg weiterzuentwickeln.
- Stellen Sie sich vor, wie Sie diese Hindernisse als Stichworte auf je einen Zettel schreiben.
- Danken Sie für die Erfahrungen, die Sie mit den Begebenheiten und Erinnerungen verbinden und lösen Sie sich bewusst davon.
- Visualisieren Sie, wie Sie jeden einzelnen Zettel in das Feuer werfen und dabei denken oder sagen: »Du hast mich eine Zeit lang begleitet, aber nun löse ich mich von dir« (von der Situation, von den Glaubenssätzen und Gedanken oder Personen).
- Stellen Sie sich vor, wie jeder einzelne Zettel verbrennt und sich auflöst.
- Zum Abschluss danken Sie der Kraft des Feuers und seiner Fähigkeit, Sie von individuellen Hindernissen und Blockaden zu befreien.

Sein anzufachen. Sie werden deutlich spüren, wie die »Feuer-Atmung« von Seite 131 Sie innerlich wärmt, aber auch den Geist reinigt und klärt. Ihre innere Glut wird angefacht, weshalb die Übung auch Blasebalg-Atmung genannt wird. Bei auftretendem leichtem Schwindel einfach die Augen etwas öffnen. Gleich im Anschluss an die Feuer-Atmung können Sie die »Feuer-Meditation« links machen, die Sie am besten ein- bis zweimal wöchentlich ausüben. Die Feuer-Meditation kann auch real vor einem Kamin- oder Lagerfeuer ausgeführt werden, allerdings sollten Sie dabei allein sein, um sich auf das Ritual zu konzentrieren. Bei der ersten Ausführung dieses *Tapas*-Rituals werden Sie sicher einige Zettel produzieren, jedoch können Sie die Meditation jederzeit wiederholen. Es ist ein starkes Reinigungsritual, das Ihnen hilft, sich von psychischen Anhaftungen zu befreien und das Ihnen gesunden Gleichmut schenkt.

Auf einen Blick

Das achte Gebot zusammengefasst

→ Das achte Gebot empfiehlt, sich Hindernisse und persönliche Blockaden bewusst zu machen, die von einer weiterführenden Bewusstheitsentwicklung abhalten.

→ *Tapas* schürt die innere Glut, die geistige Hindernisse verbrennen kann, und fördert den Enthusiasmus, den Weg der Verfeinerung weiterzugehen.

→ Die drei Gunas oder Grundeigenschaften *Tamas*, *Rajas* und *Sattva*, die in allen menschlichen Charakteren zu finden sind, sollten in einem harmonischen Gleichgewicht zueinander stehen.

→ Wenn wir den Körper gesund erhalten und den Geist reinigen, befreien wir uns von Schwere und können die Leichtigkeit des Seins empfinden.

→ Es gilt, unsere brachliegenden Kräfte in Körper und Geist zu stärken.

→ Bewusste Ausgeglichenheit manifestiert Lebensfreude.

9. Svadhyaya —
SELBSTBEOBACHTUNG

*Das neunte Gebot empfiehlt, uns täglich bewusst zu machen,
wo wir im Leben stehen, was unsere Seele und unseren Geist beschäftigt
und uns auf diese Weise weiter zu veredeln. Durch das Selbststudium
bringen wir unseren inneren Wesenskern zum Strahlen und erlangen im
Laufe von Meditations- und Reflexionspraxis tiefe Weisheit.*

SICH SELBST
STUDIEREN UND WEISHEIT ERLANGEN

»Durch intensives Studieren
und Suchen nach Weisheit
entwickelt sich
eine individuelle Verbindung
zu höheren Kräften.
So entsteht in uns tiefes Verstehen
selbst von komplexen Dingen.«

PATANJALI | Yoga Sutra 2.44

Das neunte Gebot ist die freundliche Empfehlung sich selbst zu beobachten, denn das Wortfeld *Svadhyaya* bedeutet »Selbststudium«. *Sva* bedeutet »zu einem selbst gehörend« und damit wird deutlich, warum dieses Gebot im Rahmen des *Niyama* eingebettet ist, der den bewussten Umgang mit sich selbst lehrt. Die Silbe *Sva* verweist auf die ureigene, natürliche Fähigkeit des Menschen, göttliche Bewusstheit zu erlangen, da *Sva* den göttlichen Anteil repräsentiert, der jedem Menschen innewohnt. *Sva* wird auch der göttliche Funke oder die Seele genannt und die Seele ist die Manifestation der schöpferischen Gesamtheit. Sie trägt alles in sich, was es zu erfahren und zu wissen gibt. Wer durch Selbststudium Zugang zur eigenen Seele findet, für den ist die göttliche Weisheit zum Greifen nahe. Mit den freundlichen Empfehlungen des neunten Gebotes vermag jeder sein höheres, göttliches Selbst zu erkennen – durch Selbstbeobachtung und Selbststudium. Selbststudium bedeutet, das eigene Verhalten anderem, anderen und sich selbst gegenüber in höchstem Maße zu reflektieren. Doch wie kann man allein durch diese beiden Maßnahmen Weisheit erlangen?

Die Suche nach **Weisheit**

Das neunte Gebot des *Svadhyaya* lehrt, die eigenen Schwächen und Stärken klarer zu erkennen, um die Schwächen durch Bewusstheit zu mindern und um die Stärken mit Bewusstheit zu festigen und auszubauen. Die Prozesse des Selbststudiums mehren so lange die Erkenntnisse und die Weisheit, die bisher über die vorangegangenen Gebote erlangt wurden, bis es schließlich für das Verstehen keine Grenzen mehr gibt. Mit *Svadhyaya* werden die Grenzen aufgelöst, die einen Menschen davon abhalten, auch höchst komplexe Vorgänge der Schöpfung zu verstehen. Vom begrenzten Geist zum freien Geist – so erlangt der Suchende früher oder später Erleuchtung. Das freundliche Gebot des *Svadhyaya* empfiehlt zusätzlich auch das Studium und Rezitieren der vedischen Schriften – und zwar im Original, was man in Indien bei Gurus über Jahre hinweg erlernen kann. Denn dem Glauben der Inder nach ist in den Veden alle Weisheit der Schöpfung enthalten. Doch ich kann Sie beruhigen: Auch wenn Sie diese Texte nicht eingehend studieren, sich jedoch bemühen, sich selbst in *Svadhyaya* zu veredeln, sind Sie fähig, sich von Ihren Schwächen zu lösen und vollkommenes Verständnis aller Zusammenhänge des Seins zu erlangen. Immerwährende Weisheit und wahrhaftige Lebensfreude – das ist gleichzeitig die Empfehlung wie das Versprechen von *Svadhyaya*.

WISSEN IST NICHT GLEICH WEISHEIT

Svadhyaya möchte uns zum Selbststudium motivieren, um weiser zu werden. Weisheit ist definiert als zeitlose, ideale Fähigkeit, Intuition, Einsicht und Denkvermögen zu vereinen, um daraus resultierende ethisch-moralische Handlungsweisen zu entwickeln und einzusetzen. Weisheit befähigt uns, Gedanken, Sprache und Handlung so zu gestalten, dass alles im Einklang mit der Ganzheit der Schöpfung vollzogen wird. Oft wird von der Weisheit des Alters gesprochen – doch werden Menschen im Laufe der Lebensjahre automatisch weiser? Erfahrener sind ältere Menschen allemal, und mit den Erfahrungen erlangen wir auf jeden Fall auch mehr Wissen. Wissen ist jedoch nicht gleich Weisheit. Dennoch war es in früheren Kulturen selbstverständlich, auf die Ratschläge der Alten des Stammes zu hören. Stammesvorsitzende und Ratgeber waren stets ältere Menschen, die aufgrund ihrer Lebenserfahrung anerkannt waren und geehrt wurden. Könnten Sie sich vorstellen, jemanden, der dreißig Jahre jünger ist als Sie, um einen Lebensratschlag zu bitten? Zweifelsohne suchen Sie stattdessen automatisch Rat bei gleichaltrigen oder älteren Personen. Ob dieser Rat sich dann als weise erweist, können nur Sie selbst beurteilen.

Svadhyaya empfiehlt Weisheit zu schätzen, zu ehren und für sich persönlich anzustreben. Verstehen ist zwar die Basis für Weisheit, doch diese umfasst viel mehr, als Fakten miteinander zu verknüpfen und daraus Ableitungen herzustellen. Unser Verstand kann gut Zusammenhänge analysieren, daraus Prognosen erstellen und Handlungsmöglichkeiten abwägen. All diese Handlungsmöglichkeiten sind unter Umständen sachlich richtig, aber nicht immer weise. Stellen Sie sich vor, es ist Abend und Ihr Verstand sagt Ihnen, dass Sie den Arbeitsvorgang, der auf Ihrem Schreibtisch liegt, besser noch fertig machen, damit Sie morgen gleich mit einem neuen Projekt anfangen können. Sachlich betrachtet treffen Sie damit die richtige Entscheidung. Da Sie aber müde und unkonzentriert sind, brauchen Sie nun ewig für diesen Vorgang und haben noch dazu ein ungutes Gefühl, weil Sie fürchten, Fehler gemacht zu haben. Wären Sie stattdessen das Thema am nächsten Morgen frisch und ausgeruht angegangen, hätten Sie es rasch und fehlerlos erledigt und hätten sich immer noch zügig an andere Projekte machen können. Diese Handlungsweise wäre weise gewesen.

WISSEN OHNE RATIONALES DENKEN ERLANGEN

Weisheit lässt sich also auch als Wissen ohne rationales Denken definieren. Daher meditiert ein Yogi viel, denn so gelingt es ihm, sich von rationalen Erwägungen zu lösen und frei zu werden von allen Erwartungen, die mit dem Verstand zusammenhängen. Das neunte Gebot möchte Ihr Wissen ohne rationales Denken stärken, um zu Weisheit zu gelangen. Vielleicht fragen Sie sich jetzt, ob Sie nicht aufgrund der Praxis der neun Gebote bereits viel weiser geworden sind. Ja. Ein wenig. Täglich ein bisschen mehr Weisheit zu erlangen, ist das Ziel eines jeden bewusst lebenden Menschen. Die Suche, die Sehnsucht nach Weisheit ist der rote Faden, der die zehn Gebote der Lebensfreude miteinander verbindet. Die große Weisheit, das Erlangen des kosmischen Wissens, ist das Ziel eines Yogi genauso wie eines philosophischen Menschen, der wissen möchte, worum es im Leben wirklich geht und wie alles, was im unendlichen Universum existiert, miteinander verbunden ist. Dieses allumfassende Verständnis tritt ein, wenn alle Weisheit des Lebens gesammelt, gefestigt und vor allem dauerhaft und unablässig gelebt wird – und dies bewirkt *Svadhyaya*.

>»Mehr ist nicht zu tun,
>als nichts zu tun und zu beobachten.«

ECKHART TOLLE

SICH SELBST BESSER KENNENLERNEN

Sobald Sie sich mit den zehn Geboten auseinandersetzen, beginnt ein Prozess, der nicht mehr umkehrbar ist. Sie fangen an, sich selbst neu zu definieren und sich auf neue Art und Weise kennenzulernen. *Svadhyaya* ist eine Art Qualitätskontrolle dessen, was Sie bereits durch Achtsamkeit und bewusstes Handeln erreicht haben. Sie lernen sich selbst zu beobachten und entdecken dabei, dass Ihr Wesen aus mehreren Anteilen besteht, die miteinander kommunizieren. Haben Sie sich auch schon gefragt, wer eigentlich die Stimmen in Ihrem Inneren sind, die sich miteinander unterhalten? Stellen Sie sich folgende Szene vor: Sie stehen in der Küche und kochen. Bei dieser routinemäßigen Beschäftigung sinnieren Sie über die Ereignisse des Tages und auch über den Streit, den Sie heute Morgen mit Ihrem Partner hatten. Ihr schlechtes Gewissen meldet sich und flüstert Ihnen zu, Sie sollten sich entschuldigen. Eine zweite Stimme insistiert jedoch, dass dies nicht nötig sei, da Sie völlig im Recht bezüglich des Streitthemas waren. Diese innere Diskussion kann ewig dauern und führt dennoch oft zu keinem Ergebnis, was wirklich anstrengend und energieraubend sein kann. Aber es ist nicht Ihr Partner oder auch nicht der Streit, der sie auszehrt, sondern Ihr innerer Konflikt. Manche Leute nennen diese beiden inneren Stimmen Engelchen und Teufelchen – tatsächlich sind es der innere Denker (die Ratio) und die sanftmütige, gefühlsbetonte Seele, die sich miteinander unterhalten, die diskutieren oder gar streiten. Das ist ein ganz normaler Vorgang bei uns eher verstandesbetonten Menschen. Die zehn Gebote machen sanftmütiger und reflektierter, Sie beginnen mehr und mehr, sich selbst zu beobachten und Ihre beiden inneren Stimmen zu enttarnen ... und dann kommt vielleicht bald eine weise dritte Stimme dazu.

SPIRITUELLE INNERE DIALOGE FÜHREN

Innere Dialoge bekommen eine spirituelle Bedeutung, sobald Sie sich Ihrer inneren Gesprächspartner bewusst sind und diese mit den freundlichen Empfehlungen der zehn Gebote in Einklang bringen.

Die Praxis der Selbstbeobachtung hilft Ihnen, Ihre inneren Dialoge zu verfeinern, mit allen Aspekten der bisherigen Gebote zu durchleuchten und eine differenzierte Entscheidung für den Alltag zu treffen. In Bezug auf das oben genannte Beispiel empfiehlt Ihnen das erste Gebot, sanftmütig zu handeln, um einen Streit nicht eskalieren zu lassen. Das zweite Gebot rät, aufrichtig zu sein, also durchaus Ihre Meinung zu vertreten, aber nicht im Zorn. Auf diese Weise fällt es leichter, aufeinander zuzugehen und sich zu versöhnen.

Setzen Sie *Svadhyaya* ganz pragmatisch um: So lernen Sie sich selbst besser kennen, Sie studieren sich und harmonisieren die Stimme des Denkers und die Stimme der Seele miteinander.

DEN INNEREN DIAMANTEN ENTDECKEN

Svadhyaya möchten Ihnen helfen, Ihren edlen Wesenskern zu entdecken und zu verschönern, denn das neunte Gebot des Selbststudiums ist nichts anderes als die Möglichkeit, sich selbst zu finden. Der Weg zu mehr Fülle und Lebensfreude ist eigentlich kein langer Weg, denn beides liegt in Ihrem Inneren, also gar nicht weit entfernt. Ihr Wesenskern ist jedoch von vielen Schichten verdeckt, die Sie sich wie ein Dornengestrüpp oder zähen Schlamm vorstellen müssen. Es braucht einige Zeit, bis diese Schichten und Hindernisse aus dem Weg geräumt sind. Die freundlichen zehn Gebote helfen Ihnen dabei, Schicht um Schicht abzutragen, um immer weiter zu Ihrem göttlichen Wesenskern vorzudringen. Es ist wie die Suche nach einem Diamanten, der tief im Untergrund verborgen ist und darauf wartet, ans helle Licht zu kommen und in der Sonne zu strahlen. Wenn Sie Ihren persönlichen Diamanten einmal freigelegt haben, beginnen Sie ihn zu schleifen und Sie werden immer neue Seiten dieses Edelsteins zum Vorschein bringen. Bei dieser Schleifarbeit ändert sich immer wieder die persönliche Perspektive – Sie erarbeiten sich eine höhere Warte, die es Ihnen möglich macht, den inneren Diamanten stets brillanter zu schleifen und zu verfeinern. Ihr wahres *Sva* kommt zum Vorschein und veredelt seine Güte mit jeder abgetragenen Schicht. Beobachten Sie sich einfach selbst so genau wie möglich und suchen Sie beständig weiter, dann finden Sie Ihren Diamanten der Weisheit. Diese wichtige Form der Selbstreflexion erlernen Sie am besten mithilfe von Meditation (siehe Seite 145).

DAS EIGENE LEBENSZIEL ERKENNEN

Das neunte Gebot möchte Sie Ihrem spirituellen Lebensziel näherbringen. Der individuelle Lebenswandel kann mehrere Ziele haben. Die meisten Menschen antworten auf die Frage, was für sie im Leben das Wichtigste ist, mit »körperliche Gesundheit«. Ihr Ziel ist es, gesund und glücklich zu leben. Andere werden als Lebensziel vielleicht Reichtum und Erfolg nennen und manche Menschen werden auch Maxime wie Nächstenliebe, gutes Handeln und die Einhaltung der Religionsrituale angeben. Die Suche nach einem weiter gefassten Verständnis des Lebens und der Glaube an etwas Höheres, etwas Überirdisches, liegt allen Religionen zugrunde und wohnt wohl auch jeder Seele inne, da sie sich – wenn auch meist unbewusst – daran erinnert, aus welcher unendlich großen Gemeinschaft im Kosmos sie stammt.

DIE VERBINDUNG ZU DEN HÖHEREN KRÄFTEN

Das neunte Gebot des *Svadhyaya* verspricht dem Suchenden und Studierenden die Verbindung zu den höheren Kräften. Diese können neutral als Göttlichkeit und das Prinzip der Schöpfung bezeichnet werden, um religiöse Lehren außen vor zu lassen. Die zehn Gebote der Lebensfreude können nach Wunsch durchaus mit einer religiösen Doktrin verbunden werden, sind aber nicht zwangsläufig an Glaubenskonzepte der Weltreligionen gebunden. Sie sind ganz pragmatische Empfehlungen für Sie, Ihr alltägliches Leben bewusster zu gestalten und Ihre Charaktereigenschaften zu verfeinern. Allein diesen Empfehlungen zu folgen, ist schon ehren-, bewunderns- und lohnenswert, weil alles bewusste Denken und Handeln dazu verhilft, Ihr Leben sinntiefer und freudiger zu machen. Darüber hinaus beeinflussen Sie über Ihre bejahende Schwingung auch andere Menschen positiv. Über diese Wirkungen hinaus werden Sie durch das Selbststudium *Svadhyaya* feststellen, dass Sie innerlich stärker werden In Ihnen festigt sich ein Urvertrauen, welches Sie – mit oder ohne Religionskonzept – an eine höhere und helfende Kraft glauben lässt, die uns alle beschützt und uns jederzeit hilfreich zur Seite steht.

Mit *Svadhyaya* wird diese Verbindung zu den höheren Kräften enger. Sie müssen gar nicht darüber nachdenken – es geschieht einfach im Laufe der Jahre durch Ihre immer bewusster werdende Denk- und Handlungsweise. Dieser Entwicklungsprozess dauert eine Zeit lang, weil wir uns von vielen alten Blockaden und Hindernissen lösen und reinigen müssen, bevor wir letztlich alle kosmischen Zusammenhänge des Daseins verstehen können.

Weisheitsgeschichte

Ein Yoga-Meister und sein Schüler wanderten schon seit Jahren durch die Lande. Sie meditierten in Wäldern und Höhlen, führten Gespräche mit Dorfbewohnern und sammelten viele Erfahrungen. Der Meister war alt und er war auch weise, weshalb sein gelehriger Schüler glücklich war, an seiner Seite leben und lernen zu dürfen. Eines Tages kamen die beiden an einen kleinen See und ließen sich am Ufer nieder. Der See war mit Seerosen bedeckt und das Wasser war klar, sodass der Schüler etwas Glitzerndes auf dem Grund des Sees entdecken konnte. Sofort tauchte er hinab. Als er wieder auftauchte, hielt er einen großen, funkelnden Diamanten in den Händen und freute sich, etwas so Schönes gefunden zu haben.

Der Meister sagte zu seinem Schüler: »Dies ist dein leuchtender Wesenskern, den du nach Jahren der Lehre und des Zuhörens gefunden hast. Nun nutze diesen Reichtum, gründe eine Schule und lehre anderen die Weisheit des Yoga.« Mit diesen Worten sandte der Meister seinen Schüler in die Welt hinaus.

So **vermehrt** *Svadhyaya* Ihre **Lebensfreude**

Svadhyaya beantwortet Ihre Frage, wer Sie wirklich sind. Die Antwort erhalten Sie nicht in einem Wort oder einem Satz, es erfolgt auch keine sofortige komplexe Erklärung. Aber Sie werden feststellen, wie Ihr Leben mithilfe des neunten freundlichen Gebotes im Laufe der Zeit transparenter und verständlicher wird. Haben Sie nicht auch ab und zu (hoffentlich nicht ständig) das Gefühl, nur noch stumpf zu funktionieren und eigentlich mehr zu überleben als wirklich zu leben?

Svadhyaya vermehrt Ihre Lebensfreude, weil es Sie motiviert, sich immer wieder auf das Wesentliche zu konzentrieren und den inneren, grübelnden und meist negativen Denker im Zaum zu halten. Das neunte Gebot hilft Ihnen, durch Selbststudium Ihr Wertesystem und Ihre Ansprüche zu definieren und so herauszufinden, wer Sie wirklich sind und was Sie für ein glückliches, gesundes Leben substanziell und ideell benötigen. Mit dem Studium Ihres Selbst wird es Ihnen überdies möglich sein, größere Zusammenhänge und Handlungsstränge zu erkennen, die sich langsam zu einem Bild zusammensetzen. Sobald Sie durch die zehn Gebote und besonders mithilfe von *Svadhyaya* erkennen, dass Ihre Taten und Handlungen vom Resonanzfeld auf Sie zurückgespiegelt werden, werden Sie unweigerlich achtsamer handeln. Und wenn Sie umsichtiger denken und handeln, leben Sie achtsamer, freier und glücklicher. Sie werden sich künftig nicht mehr als Opfer des Schicksals fühlen und somit weniger leiden. Kenntnis führt zu Weisheit und Weisheit führt zu Lebensfreude. Kurz gesagt: Wer zu sich selbst gefunden hat und wer weiß, wer er ist, ist glücklich und lebensfroh. Und wer Lebensfreude empfindet, kann diese Weisheit mit anderen teilen.

SICH TÄGLICH SELBST BEOBACHTEN UND VEREDELN

Ihre Handlungs- und Denkstrukturen reflektieren Sie am besten durch Meditation. Die folgende Übung stärkt Ihr inneres, göttliches Licht. Führen Sie sie möglichst täglich durch, falls Sie das überfordert, zumindest dreimal die Woche – Hauptsache, Sie meditieren regelmäßig.

Übung

Übung 19: Das Licht am Grunde des Sees

- Nehmen Sie eine für Sie angemessene Meditationshaltung ein, in der Ihr Körper sich wohlfühlt und der Geist nicht abgelenkt wird.
- Spüren Sie Ihren Körper, indem Sie einige Male tief ein- und ausatmen.
- Versuchen Sie alle aufkommenden Gedanken auszuatmen und an nichts festzuhalten, was in Ihrem Kopf auftaucht.
- Mit jeder Einatmung konzentrieren Sie sich mehr und mehr auf das Innere Ihrer Körpermitte.
- Spüren Sie Ihre Atmung, spüren Sie, wie der Atem kommt und geht, lösen Sie sich von allen Gedanken des Tages.
- Schauen Sie nach Innen wie auf die Oberfläche eines Sees.
- Das Wasser ist einladend erfrischend und rein, gehen Sie in den See und spüren Sie das belebende Wasser um sich herum.
- Sie schwimmen im See, Sie tauchen Ihr Gesicht unter Wasser und Sie können den Grund des Sees erkennen.
- Am Boden des Sees entdecken Sie ein Glitzern, das Sie neugierig macht.
- Sie tauchen hinab, tief ins Innerste des Sees und näher, immer näher zum glitzernden Etwas am Seegrund.
- Beim Näherkommen erkennen Sie einen großen, atemberaubend schönen, funkelnden Kristall.
- Sie erfassen den Kristall, der so groß ist wie Ihre Handfläche, und erkennen, dass er sogar im trüben Licht des Sees hell und rein funkelt.
- Mit dem Kristall in der Hand tauchen Sie zur Wasseroberfläche auf und halten den Edelstein ins Sonnenlicht.
- Der Kristall spiegelt das Licht der Sonne in aller Wärme, allen Farbnuancen und in aller Pracht.
- Sie fühlen sich unendlich glücklich und dankbar, einen solchen Schatz am Grunde des Sees gefunden zu haben.

Der Kristall in der Übung repräsentiert das göttliche Licht in Ihrem Inneren. Verankern Sie die Vorstellung daran in sich, sodass Sie das Bild jederzeit abrufen können. Auf diese Weise erinnern Sie sich täglich daran, sich selbst zu beobachten, sich stetig zu veredeln und sich zum Leuchten und Glücklichsein zu motivieren. Vielleicht kaufen Sie sich auch einen Bergkristall als Handschmeichler oder ein kunstvoll geschliffenes Prisma, das Sie immer wieder an Ihren persönlichen Glanz und an die zehn Gebote der Lebensfreude erinnert. Patanjali lehrte in Sutra 3.39: »*Wenn ein Mensch den Weg des Yoga beherrscht, werden ihm Schlamm und Dornen nichts mehr anhaben. Wenn er sich durch sie hindurchbewegt, wird er sich leicht wie eine Feder fühlen.*«

REGELMÄSSIG MEDITIEREN

10 bis 15 Minuten täglich, in Stille und Abgeschiedenheit, reichen aus, um Ihr Leben sinntiefer, aber auch freier zu gestalten. Mit Meditation stärken Sie Ihre körperlichen und geistigen Kräfte, da Meditation eine Form von Reinigung und ein Ritual des Selbststudiums ist. Je öfter beziehungsweise je regelmäßiger Sie meditieren, desto leichter können Sie Ihre Gedanken sortieren und allmählich in einen tiefen Meditationszustand des Nicht-Denkens abgleiten. Und diese Erfahrung hilft Ihnen auch im Alltag, immer bewusster und achtsamer bei sich zu bleiben. Mit zunehmender Meditationspraxis über Jahre hinweg werden Sie während der Meditation in eine tranceartige Harmonie gleiten, die Sie als erfrischende Regeneration und Loslösung nicht mehr missen mögen. Dadurch lernen Sie eine weitere Fähigkeit kennen, die man Transzendenz nennt. Transzendenz bedeutet, sich aus sinnlicher Wahrnehmungsfähigkeit und gegenständlichen Abhängigkeiten zu befreien. Indem Sie aus der realen Welt heraustreten und zeitweilig in eine andere Welt hinüberschreiten, wird es Ihnen möglich, hohe, kosmische Weisheit zu erlangen und schöpferische, göttliche Wonne zu empfinden.
Die folgende Übung führt Sie durch Rezitation eines Sanskrit-Mantras in einen tiefen, meditativen Zustand.

Übung

Übung 20: Mantra Rezitation

- Sprechen, summen oder singen Sie die Worte SAT – CHIT – ANANDA.
- Wiederholen Sie diese drei Worte immer und immer wieder, ohne darüber nachzudenken, was sie bedeuten.
- Setzen Sie dieses Mantra als Einstimmung für Ihre tägliche Meditation ein oder richten Sie Ihre Meditation ausschließlich auf diese drei Worte aus.
- Sprechen, summen oder singen Sie die drei Worte beim Aufwachen oder abends vor dem Zubettgehen. Rezitieren Sie die Worte tagsüber in Momenten der Ruhe oder der Hektik und Herausforderung.

Denken oder sagen Sie dieses Mantra, wann immer und sooft es Ihnen möglich ist. Es bedeutet Wahrheit (Sat), Weisheit (Chit), Wonne (Ananda). Nach den alten yogischen Schriften erlangt der, der dieses Mantra mit jedem Atemzug ein ganzes Leben lang tönt, Erleuchtung in göttlichem Licht.

Auf einen Blick

Das neunte Gebot zusammengefasst

→ Das neunte Gebot motiviert, uns selbst zu beobachten und zu begutachten, indem wir täglich reflektieren und meditieren.

→ Es gilt, unsere persönlichen Gedanken und Gefühle zu harmonisieren und das innere, göttliche Licht zum Leuchten zu bringen.

→ *Svadhyaya* ist ein Prozess der persönlichen Qualitätskontrolle, inwieweit sich die vorangegangenen Gebote und freundlichen Empfehlungen gefestigt haben und von uns umgesetzt werden.

→ Durch zunehmende individuelle, unverwechselbare Weisheit gelangen wir zu mehr Lebensfreude.

10. Ishvara-Pranidhana —

HINGABE

Das zehnte Gebot lehrt uns, auf eine höhere Macht zu vertrauen und darauf, dass alles in unserem Leben einen Sinn hat. Es lehrt aber auch, dieser Macht Demut und Dank entgegenzubringen und unsere spirituelle Suche nach dem Sinn des Lebens diesem höchsten göttlichen Prinzip zu weihen.

VERTRAUEN ENTWICKELN
UND FREIHEIT FINDEN

> »Mit der Hingabe an das Höhere
> wächst die Fähigkeit in uns,
> alles in seiner Vollkommenheit
> zu erkennen.«

PATANJALI | Yoga Sutra 2.45

Ishvara ist die allgemeine Sanskrit-Bezeichnung für Gott oder das Göttliche, ohne dass dieser Begriff in der Yoga-Philosophie an eine Glaubensrichtung gebunden ist. Er entspricht am ehesten der Übersetzung »Der Allmächtige«, wobei »Das Allmächtige« neutraler anmutet. Patanjali bevorzugt in seinem Yoga Sutra *Ishvara* als Begriff, um dieses höhere Schöpfungsprinzip zu umschreiben, ohne dieser Macht einen spezifischen Namen zu geben. *Ish* ist der/die/das, was das Universum beherrscht, also das, was ein spirituell lebender Mensch zu erfassen und zu begreifen versucht. *Ishvara* ist der/die/das große Ganze. Die Ergänzung mit dem Wort *Pranidhana* bedeutet Hingabe, Weihung oder Ehrerbietung und erläutert so den letzten Schritt, den es zu vollziehen gilt, um Lebensfreude und Wonne zu erfahren. Das zehnte Gebot ist die abschließende Empfehlung im Rahmen des *Niyama*, in dem es darum geht, das individuelle neue Lebens-, Denk- und Handlungskonzept auf höchster Ebene zu verfeinern. Eine passende Übersetzung für *Ishvara-Pranidhana* ist »Hingabe an das Höchste« oder »Hingabe an das Leben«. So wird einerseits umschrieben, wie man Leben, Denken und Handeln einem höchsten Ziel widmet und stets bemüht ist, nach den Empfehlungen des *Yama* und *Niyama* zu leben. Andererseits geht es beim zehnten Gebot auch um die Akzeptanz des »SoSeins«.

Die **Akzeptanz** des **SoSeins**

Das SoSein impliziert alle Begebenheiten des Lebens, die wir als Mensch – so sehr wir uns auch bemühen – nicht erfassen, begreifen oder im jetzigen Moment erklären können, da wir das Gesamtbild der Schöpfung und alle Vorgänge darin nicht verstehen können. Manche Erfahrungen im Leben erklären sich vielleicht im Nachhinein, aber auch wenn wir göttliche Funken in uns tragen, sind wir nur Schöpfer unseres eigenen Lebens und nicht des gesamten Universums. Und so empfiehlt das zehnte Gebot, die eigenen Handlungen und das persönliche Lebensziel unter den Schutz der Göttlichkeit zu stellen, die das Universum erschaffen hat und in Ewigkeit aufrechterhält. Die »Hingabe an das Höchste« ist das Urvertrauen, das bei der Geburt noch jedem Menschen innewohnt, jedoch oftmals im Laufe des Lebens verloren geht. Urvertrauen ist die göttliche Verbindung zur Quelle des Lichts und allen Daseins, die wir mit der spirituellen Suche und einem verfeinerten Lebenswandel so gern wiederfinden möchten. Urvertrauen bedeutet auch zu akzeptieren, dass alles seinen Sinn hat, wirklich alles. Das zehnte freundliche Gebot *Ishvara-Pranidhana* ist ein sehr philosophisches Thema, das den Glauben an eine höhere Macht empfiehlt, aber natürlich nicht vorschreiben kann. Allerdings werden Sie merken, wie Sie gelassener, zuversichtlicher, ruhiger und mental stabiler werden, je mehr Sie die zehn Gebote der Lebensfreude umzusetzen versuchen. Denn Sie fühlen dabei, dass es im Leben mehr gibt, als nur rationale Gedanken und Erklärungen. Sie spüren mehr Urvertrauen in etwas

Höheres. Gleichzeitig macht das zehnte Gebot der Hingabe deutlich, dass wir uns dieser Hoheit und dem allumfassenden Verständnis des Ganzen nur annähern können, wenn wir diese höhere Macht ehren und uns ihr dann und wann hingebungsvoll überlassen.

DIE ILLUSION DER MENSCHLICHEN ALLMACHT

Wir Menschen haben uns seit Jahrtausenden die Erde untertan gemacht. Die meisten leben in dem Glauben, dies auch fortan tun zu können, weil sie sich geradezu allmächtig fühlen. *Ishvara,* das Allmächtige des Himmels, wird dabei verdrängt und vergessen. Unsere menschliche Allmacht ist jedoch eine Illusion. Wahrscheinlich haben Sie sich auch schon öfters (unbewusst) allmächtig gefühlt. Alle Lebens- oder Projektplanung ging Ihnen perfekt organisiert von der Hand, Sie hatten alles im Griff – bis dann plötzlich von einem Moment zum anderen alles anders war. Ein Ereignis, auf das Sie gar keinen Einfluss hatten, warf mit einem Mal alle Pläne über den Haufen. Sie waren zornig, traurig, schockiert und alles in Ihnen bäumte sich dagegen auf. Sie suchten nach einem Schuldigen, ohne wirklich etwas gegen die Gegebenheiten tun zu können. *Ishvara-Pranidhana* möchte uns freundlich daran erinnern, dass es etwas Allmächtiges gibt, einen großen Masterplan, gegen den kein Mensch und keine Macht ankommen kann.

Manchmal bremst das Leben uns aus, und das ist schwer zu akzeptieren. Wäre es nicht tröstlich zu wissen, dass dies meist dann passiert, wenn wir in Begriff sind, auf etwas zuzusteuern, das für unsere Entwicklung nicht zuträglich ist? Nehmen Sie sich einen Moment Zeit und erinnern Sie sich an vergangene Situationen, bei denen Ihre Pläne, Ideen oder Vorstellungen durch »höhere Gewalt« durchkreuzt wurden. Wahrscheinlich stellte sich im Nachhinein betrachtet mit dem Ereignis ein neuer Umstand ein, der positiv für Sie war und sich vielleicht sogar noch günstiger als Ihr ursprünglicher Plan erwies. Alles hat seinen Sinn, auch wenn wir es aus der momentanen Perspektive heraus nicht erfassen können – das ist die Bedeutung von *Ishvara-Pranidhana.*

WIDRIGKEITEN AKZEPTIEREN

Es ist bereits eine wichtige spirituelle Übung, im persönlichen Bereich widrige Umstände zu akzeptieren. Das kann genauso gut die Kündigung des Arbeitsverhältnisses oder der Mietwohnung sein wie das kaputte Auto oder der abgelehnte Kreditantrag. Es gibt Tausende von großen und kleineren Widrigkeiten im Leben, die uns überhaupt nicht passen, und es ist völlig normal, zunächst einmal wütend, ängstlich oder todtraurig darüber zu sein. Jedoch ist der Widerstand gegen den jetzigen Moment, gegen das SoSein erstens anstrengend und zweitens sinnlos, weil wir an den momentanen Gegebenheiten ohnehin nichts ändern können. Und wer sagt denn, dass Sie nicht beispielsweise eine viel schönere Wohnung finden, die Ihnen nettere Nachbarn beschert? Vielleicht wäre auch Ihr Kreditvorhaben wirklich zu hoch für Sie gewesen? In der Regel stellen alle Widrigkeiten des Lebens vielleicht ein Hindernis für den Verstand dar, dessen Ego dagegen ankämpfen will, aber *Ishvara-Pranidhana* lehrt Sie, einfach zu sagen: »Das Universum wird besser wissen, was für mich gut ist.«

Das zehnte Gebot möchte motivieren, wenn möglich Ihr persönliches Denken und Handeln in einem größeren Rahmen zu betrachten oder zumindest zu akzeptieren, dass es einen größeren Rahmen gibt, den Sie vielleicht nicht erkennen können. Es möchte Sie an die Vollkommenheit des Seins erinnern und ermuntern, sich dem Dasein als göttliches Wunder hinzugeben, sich ab und an einer höheren Führung zu überlassen. Wenn Sie von Zeit zu Zeit loslassen, macht Sie das bescheidener und Ihren Lebensstil demütiger – dafür werden Sie mit Freiheit und Lebensfreude belohnt. Die Verbissenheit geht – die Freude kommt mit der Gelassenheit und dem Urvertrauen.

Selbst die widrigsten Lebensumstände sind Chancen, sich weiterzuentwickeln und so lautet das allumfassende, allmächtige Gesetz der Schöpfung: Es geht immer und ausschließlich darum, das Leben weiterzuentwickeln, die Existenz mit neuen Erfahrungen anzureichern und einen Beitrag für das große Ganze zu leisten.

Weisheitsgeschichte

Arjuna war der beste Bogenschütze seines Klans. Er musste in die Schlacht ziehen, die entscheiden sollte, welcher Teil seiner Familie künftig über die Welt herrschen würde. Er wählte Gott Krishna selbst als seinen Wagenlenker und die gegnerische Partei wählte Krishnas Heerscharen als Helfer in dieser Schlacht. Am Morgen auf dem Feld der Schlacht angekommen, erblickte Arjuna seine Familienmitglieder auf beiden Seiten und ließ seinen Bogen sinken, weil er nicht gegen seine Familie kämpfen wollte. Er bat Gott Krishna um Hilfe und Unterweisung, den rechten Weg zu wählen. Krishna gewährte ihm die Bitte und lehrte ihn den Pfad des Yoga, während die Schlacht verharrte. Krishna begann seine Lehre an Arjuna mit den Worten: »Weihe deine Ziele einer höheren Macht, die weiser ist, als alle Menschen zusammen und gehe den Weg des Yoga. Es gibt Zeiten, in denen wir kämpfen müssen, und es gibt Zeiten für Meditation.«

Der **Glaube** an etwas **Höheres**

Selbstverständlich können wir nicht einfach die Hände in den Schoß legen und gar nichts mehr machen. Wenn uns beispielsweise der Job oder die Wohnung gekündigt wurde, müssen wir uns aktiv um etwas Neues bemühen. Doch manche Dinge müssen reifen und das Universum braucht manchmal etwas mehr Zeit, um Angelegenheiten aufzulösen, zu unterstützen oder neu zu ordnen. Wenn Sie Ihre Wünsche und Projektplanungen in Demut *Ishvara* weihen, werden Sie Hilfe bekommen, wann immer Sie sie brauchen. Womöglich machen Sie sich selbst das Leben schwer, wenn Sie zu verbissen etwas wollen oder nicht wollen, anstatt auf eine allwissende höhere Macht zu vertrauen?

Das zehnte Gebot *Ishvara-Pranidhana* ist wahrlich der finale Schritt im Rahmen aller zehn gut gemeinten Empfehlungen – es geht am Ende dann doch um das Thema Glauben. Dennoch ist die Yoga-Weisheit keine Religion, sondern eine Lebensphilosophie, also frei von Doktrin, wie das Sutra zum zehnten Gebot deutlich macht. Es geht wie bei allen vorangegangenen Geboten um die Entwicklung einer Fähigkeit. In diesem Fall geht es um die Fähigkeit, Vertrauen beziehungsweise Glauben an etwas Höheres zu entwickeln. *Ishvara-Pranidhana* ist kein Muss, sondern eine von vielen Möglichkeiten, die die Vollkommenheit und Größe des Lebens uns bietet.

Erinnern Sie sich an einen großen Herzenswunsch, den Sie hatten – vielleicht einen liebevollen Partner, ein gesundes Kind oder die Auflösung einer verzwickten Situation. In dem Maße, wie Sie Vertrauen entwickelten, dass dieser Wunsch eines Tages erfüllt würde, in dem Maße sandten Sie zuversichtliche Schwingung aus und Ihr Wunsch ging tatsächlich in Erfüllung. Vertrauen Sie darauf, dass das Leben oder die allumfassende Schöpfung – was immer Innen stimmiger erscheint – alles für Sie macht, was für Sie zuträglich ist. Denn nicht was unser Kopf will, sondern was die Seele braucht, geschieht.

So **vermehrt** *Ishvara-Pranidhana* Ihre **Lebensfreude**

Das zehnte Gebot möchte Sie motivieren, alles, was Sie tun, nicht für Ihr persönliches Fortkommen oder Ansehen einzusetzen, sondern es der Göttlichkeit zu Füßen zu legen. In dieser Einstellung zum Leben und in der Bewusstheit der Schöpfung gegenüber liegt Ihre Chance auf Glückseligkeit. Die tiefe, wahre Lebensfreude stellt sich mit dem Bemühen ein, die zehn Gebote so gut es möglich ist, tagtäglich umzusetzen. Sie werden Vertrauen erfahren und das Leben als göttliches Geschenk zu schätzen wissen. Indem sich die alten Muster auflösen, werden Sie unbeschwerter und freier, sodass Sie eines Tages im wonnigen Zustand der Erleuchtung alles verstehen werden. Oder wie Patanjali in Sutra 4.29 lehrt: »*Es entsteht ein Zustand des Geistes in vollkommener Klarheit, Reinheit und Freiheit gleich eines Regenschauers aus purer Wonne.*«

DAS BESTMÖGLICHE GEBEN

Geben Sie nach Ihren Möglichkeiten und aus dem jetzigen Augenblick heraus betrachtet Ihr Bestes, gehen Sie achtsam und respektvoll mit sich und anderen um und reduzieren Sie egohaftes Verhalten.

Es würde in der Welt vieles, wahrscheinlich sogar alles verändern, wenn wir nicht nur an unseren Vorteil denken und danach handeln würden, sondern zum Wohle möglichst vieler Menschen. Reflektieren Sie, meditieren Sie, beten Sie jeden Tag, sodass es Ihnen selbstverständlich wird. Und affirmieren Sie mit einem der folgenden Sätze.

Übung

Übung 21: Affirmationen

Nehmen Sie eine meditative Haltung ein, atmen Sie ein paarmal bewusst ein und aus, sodass Sie zur Ruhe kommen.

Sagen Sie sich dann jeden der folgenden Sätze leise vor und spüren Sie nach, welcher Satz die meiste Resonanz in Ihrem Inneren erzeugt.

- So ham (Es ist ich, ich bin es).
- Ich widme mein Denken und Handeln dem Wohle vieler.
- Govinda Jaya Jaya Gopala Jaya Jaya (Ehre meinem Hirten, der mich leitet und schützt).
- Ich vertraue auf die Schöpfung.
- Om Shanti Shanti Shanti Om (Om. Friede im Herzen und Friede in der Welt. Om).

Wiederholen Sie Ihre ausgewählte Affirmation so oft es geht im Alltag, in jedem Fall aber einmal morgens beim Aufwachen und einmal abends vorm Einschlafen. Wenn Sie später vielleicht einen anderen Satz verwenden möchten, dann entscheiden Sie neu.

Notieren Sie sich außerdem meine im ersten Kapitel auf Seite 18 zusammengefassten Interpretationen der zehn Lebensratschläge des Patanjali (oder folgende Kurzfassung: Gewaltlosigkeit, Wahrhaftigkeit, Begierdelosigkeit, Sinnesentlastung, Besitzbescheidenheit, Reinheit, Zufriedenheit, Enthusiasmus, Selbstbeobachtung, Hingabe). Nutzen Sie sie täglich als Erinnerung: Speichern Sie sie als Bildschirmschoner ab oder als Begrüßung ins Handy, schreiben Sie sie in Ihr Tagebuch oder auf die Schreibtischunterlage, heften Sie sie an den Kühlschrank oder an die Pinnwand ... wo immer Sie öfter am Tag hinblicken.

Es werden Ihnen sicher immer wieder neue Zusammenhänge und Beispiele aus Ihrem Alltag zu den Geboten einfallen und Sie werden durch diese tägliche Erinnerung Ihre Denk- und Handlungsweisen immer weiter verfeinern. Spüren Sie Ihre zunehmende Leichtigkeit und Lebensfreude und setzen Sie um, was immer Ihnen möglich ist. Es geht auf dem spirituellen Weg nicht um Perfektion, sondern um die Freude an Ihren Bemühungen.

Auf einen Blick

Das zehnte Gebot zusammengefasst

→ *Ishvara-Pranidhana* empfiehlt, unser Leben, Denken und Handeln einem höheren Ziel zu widmen und uns zu bemühen, nach den Empfehlungen des *Yama* und *Niyama* zu leben.

→ Es gilt, unser Urvertrauen wiederzufinden und damit zu akzeptieren, dass alles, was in unserem Leben passiert, seinen Sinn hat.

→ Wenn wir das »SoSein« akzeptieren können und darauf vertrauen, dass das Beste für uns geschieht, können wir unbeschwerter leben.

→ Wir handeln im Sinne der Schöpfung, wenn wir die zehn Gebote, so gut es uns möglich ist, tagtäglich umsetzen. So erhalten wir tiefe Lebensfreude.

BÜCHER UND ADRESSEN,
DIE WEITERHELFEN

BÜCHER

Desikachar, T. K. V.: *Yoga – Tradition und Erfahrung. Die Praxis des Yoga nach dem Yoga Sutra des Patanjali;* Verlag Via Nova

Sriram, R.: Patanjali: *Das Yoga Sutra – Von der Erkenntnis zur Befreiung;* Theseus Verlag

Bücher der Autorin

Chakra-Meditation; Trinity Verlag

Chakra Yoga: Die Heilung der Energiezentren für Körper, Geist und Seele; Südwest Verlag

Mein Yoga-Tagebuch; Knaur MensSana HC

Mond-Yoga: Die heilsame Kraft der Mondrhythmen nutzen; Knaur

Yoga-Kalender 2013 (mit Angelika Kerscher); Knaur MensSana HC

Bücher aus dem Gräfe und Unzer Verlag

Sriram, R.: *Wünsche dir alles, erwarte nichts und werde reich beschenkt*

Steiner, Ron/Trökes, Anna: *Yoga für Fortgeschrittene*

Trökes, Anna: *Das große Yoga-Buch*

Trökes, Anna: *Die sieben Schätze des Yoga*

Trökes, Anna: *Yoga-Weisheit, Kraftquellen für 52 Wochen*

ADRESSEN

Es gibt viele freie Yogalehrer, die individuellen Yoga-Unterricht und philosophische Lehren anbieten. Eine Suche im Internet lohnt sich. Informationen über Unterricht, Beratung, Yogalehrerausbildung und Workshops mit der Autorin finden Sie unter www.birgitfelizcarrasco.com

BEZUGSQUELLEN

www.bodinova.de
www.yogishop.com
(Für Yogabedarf)

REGISTER

IMPRESSUM

© 2013 GRÄFE UND UNZER
VERLAG GmbH, München
Alle Rechte vorbehalten. Nach-
druck, auch auszugsweise, sowie
Verbreitung durch Bild, Funk,
Fernsehen und Internet, durch
fotomechanische Wiedergabe, Ton-
träger und Datenverarbeitungssys-
teme jeder Art nur mit schriftlicher
Genehmigung des Verlages.

Projektleitung: Ilona Daiker
Lektorat: Angela Hermann-Heene
Bildredaktion: Petra Ender

Umschlaggestaltung und Layout:
independent Medien-Design,
Horst Moser, München
Herstellung: Sophie Vogel
Satz: Uhl + Massopust, Aalen
Lithos: Longo AG, Bozen
Druck & Bindung: Druckhaus
Kaufmann, Lahr

ISBN 978-3-8338-2932-1

1. Auflage 2013

 www.facebook.com/gu.verlag

Bildnachweis: Alamy: S. 6, 122,
148; Corbis: S. 52, 78;
Getty Images: S. 8, 38, 108, 134;
Plainpicture: S. 22, 66, 78, 92; Jörg
Schultz: Illustration Cover

Syndication:
www.jalag-syndication.de

Umwelthinweis
Dieses Buch ist auf PEFC-zerti-
fiziertem Papier aus nachhaltiger
Waldwirtschaft gedruckt.

Wichtiger Hinweis
Alle Ratschläge, Anwendungen
und Übungen in diesem Buch
wurden von der Autorin sorgfältig
recherchiert und in der Praxis
erprobt. Dennoch können nur Sie
selbst entscheiden, ob und inwieweit Sie diese Vorschläge umsetzen
können und möchten. Lassen Sie
sich in allen Zweifelsfällen zuvor
durch einen Arzt oder Therapeuten
beraten.
Weder Autorin noch Verlag können
für eventuelle Nachteile oder Schä-
den, die aus den im Buch gegebenen
praktischen Hinweisen resultieren,
eine Haftung übernehmen.

Liebe Leserin, lieber Leser,

haben wir Ihre Erwartungen erfüllt?
Sind Sie mit diesem Buch zufrieden? Haben Sie weitere Fragen zu
diesem Thema? Wir freuen uns auf
Ihre Rückmeldung, auf Lob, Kritik
und Anregungen, damit wir für Sie
immer besser werden können.

GRÄFE UND UNZER Verlag
Leserservice
Postfach 86 03 13
81630 München
E-Mail:
leserservice@graefe-und-unzer.de

Telefon: 0800 / 723 73 33*
Telefax: 0800 / 501 20 54*
Mo–Do: 8.00–18.00 Uhr
Fr: 8.00–16.00 Uhr
(* gebührenfrei in Deutschland)

Ihr GRÄFE UND UNZER Verlag
Der erste Ratgeberverlag – seit 1722.

GRÄFE UND UNZER

Ein Unternehmen der
GANSKE VERLAGSGRUPPE